**الاستشراق والإسلام**
دراسة في أدب غوته

# الاستشراق والإسلام
## دراسة في أدب غوته

الدكتور

وليد كاصد الزيدي

الطبعة الأولى

٢٠٠٩ - ٢٠١٠م

---

المملكة الأردنية الهاشمية رقم الإيداع لدى دائرة المكتبة الوطنية (٢٠٠٩/٨/٣٨٩٢)

٤١٢,٦

الزعبي، محمد فلاح

الاستشراق والاسلام في أدب غوته / وليد كاصد الزيدي.-

عمان: دار مجدلاوي للنشر والتوزيع ، ٢٠٠٩

( ) ص.

ر.أ: (٢٠٠٩/٨/٣٨٩٢)

الواصفات:/ الاستشراق والمستشرقون// الأدب العربي// الحضارة العربية/

* أعدت دائرة المكتبة الوطنية بيانات الفهرسة والتصنيف الأولية

* يتحمل المؤلف كامل المسؤولية القانونية عن محتوى مصنفه ولا يعبر هذا المصنف عن رأي دائرة المكتبة الوطنية أو أي جهة حكومية أخرى.

ISBN     978-9957-02-370-6     (ردمك)

Dar Majdalawi Pub.& Dis.
Telefax: 5349497 - 5349499
P.O.Box: 1758 Code 11941
Amman- Jordan
www.majdalawibooks.com
E-mail: customer@majdalawibooks.com

دار مجدلاوي للنشر والتوزيع
تليفاكس : ٥٣٤٩٤٩٧ - ٥٣٤٩٤٩٩
ص . ب ١٧٥٨ الرمز ١١٩٤١
عمان - الأردن

◄ الآراء الواردة في هذا الكتاب لا تعبر بالضرورة عن وجهة نظر الدار الناشرة.

◄ الغلاف: الفنان د.بلاسم محمد.

# إهـــداء

أهدي كتابي المتواضع هذا ...

إلى : روح والدي الدكتور كاصد الزيدي ... أستاذ الدراسات اللغوية والقرآنية رحمه الله ... الـذي دعم فكرة هذا الكتاب وأبدى ملاحظاته اللغوية والإسلامية السديدة.

وإلى :أخي ... الدكتور مفيد الزيدي ... أستاذ التاريخ الحـديث والمعـاصر في كليـة الآداب - جامعـة بغداد ... الذي فتح لي نافذة على الاستشراق والمستشرقين.

وإلى كل من أحب العروبة والإسلام وأنصفوها في كتاباتهم ... لا سيما من كتاب الغرب ومفكريه.

وليد الزيدي

بغداد . آب/أغسطس ٢٠٠٨

# الفهرس

# مقدمة

يحتل الأديب والشاعر فولفغـانغ يومـان فـون غوتـه Johann Von Goethe (١٧٤٩-١٨٣٢) مكانـة كبيرة في الأدب الألماني والعالمي، فهو أحد أبرز قمم الأدب الـذي قلمـا جـادت بـه العصـور، فقـد ارتبطت أعماله وآثاره بالتجربة الشخصية المعاشة التي نجدها بوضوح في نتاجاته الأدبية، لذا فـإن الألمـان يطلقـون عليه ((شاعر التجربة المعاشة)).

ولعل ما يسترعي الانتباه لدى دراسة حيـاة هـذا الأديب الكبـير، هـو وجهتـه نحـو الشرق، لا سيما الشرق العربي الإسلامي، وذلك بتأثير موجة الاستشراق في ألمانيا آنذاك، واطلاع غوته على كتابات وترجمات كبار المستشرقين الأوروبيين في فترة مبكرة من حياته.

وبالرغم مما ردده الشاعر "رديار كبلنج" وظل يـتردد عـلى الألسنة مـن أن ((الشرق شرق، والغرب غرب، وهيهات يلتقيان)).

إلا أننا نجد أن "غوته" استطاع أن يبدد هذه المقولة وأن يتجه وجهة خالصة نحـو الشرق، متخلصا من كل أنواع التعصب أو العنصرية لجنس معين، وفي ذلك يقول:

.. من حماقة الإنسان في دنياه

أن يتعصب كل منا لما يراه

وقد سعى "غوته" إلى إقامة نوع من التوازن الروحي بين الشرق والغرب إذ ظل يتحدث عن التقاء الشرق بالغرب، وهو يشعر بالطمأنينة والراحة النفسية متهددا بين هذين العالمين.

ولعل أعظم تعبير عن روحيته هذه قوله أبيات نظمها عام ١٨٢٨ ونشرت بعد وفاته لكي تنسب إلى الديوان الشرقي للشاعر، يقول فيها :

من يعرف نفسه والآخرين

يعرف هنا أيضا أن :

الشرق والغرب

لا يمكن بعد، أن يفترقا

وبودي أن أهدهد نفسي

سعيدا بين هذين العالمين،

وإذن فالتحرك بين الشرق والغرب

هو الملك الأفضل.

وتعد من أهم المؤثرات التي جعلت غوته يعيش في الشرق بخياله وروحه وأحاسيسه هي حركة الترجمة والاستشراق المحمومة في ألمانيا آنذاك ووجهة غوته نحو الشرق تختلف عن وجهة المستشرقين من أبناء الغرب الذين غاصوا في أعماقه ثم كتبوا عنه تحت دوافع معينه ومن أجل أغراض محددة، لعل في مقدمتها محاولة معرفة طبيعة الحياة الشرقية بكل تفاصيلها لأغراض مختلفة يجني ثمارها الغربيون في المجالات السياسية والاقتصادية وغيرها، في حين نجد في غوته ذلك الشاعر المرهف الحس المتأثر بالشرق في جانبه الروحي، الهارب من الحروب

والفتن التي كانت تسود الغرب آنذاك، باحثا عن الطمأنينة والنقاء التي يراها ماثلة في حياة الشرقيين، وقد كان غوته في صباه يسكن مدينة (فرانكفورت على نهر الراين)، وهي موطن أسرته، في وقت زحفت فيه فرقة من الجيوش الفرنسية المشتركة على مدينته في بداية عام ١٧٥٩ أثناء استعداد أهل المدينة لاستقبال احتفالات أول السنة الميلادية.

دام احتلال الفرنسيين لمدينة فرانكفورت في حينها أربع سنوات، وقد تركت تلك الأيام العصيبة وما تضمنته من صراعات وحروب أثرا سلبيا في حياة شاعرنا المرهف الحس، دفعته للبحث عن أجواء الطمأنينة والسلام والاستقرار، التي لم يجد لها شبيه إلا في كتابات المستشرقين التي تتحدث عن صفاء الشرق وسكينته وسلامة شعره، وعذوبته، فتأثر بها غوته وأنتج - بتأثره هذا - أدبا شرقيا استلهم أفكاره وروحه من الشرق العربي الإسلامي، فكتب ديوانه الشهير (الديوان الشرقي الغربي)، الذي ضمنه شعرا وتعليقات تدور حول الشرق وأساطيره وسحره وإلهامه.

لذا فقد بدأنا فصول كتابنا هذا بالتطرق إلى موضوعة ((الاستشراق))، وذلك بتناول مفهوم هذا المصطلح وإلقاء نظرة تاريخية على أهم المدارس الاستشراقية الغربية، ثم تناولنا في الفصل الثاني حياة غوته ونشأته وطبيعة أدبه، في حين أفردنا الثالث لوجهة غوته نحو الشرق، وذلك بالإشارة في المبحث الأول إلى أهم المؤثرات التي دفعته إلى ذلك.

ثم تناولنا الأثر العربي في أدب غوته في المبحث الثاني، بعدها تطرقنا إلى أثر الآداب الفارسية والهندية في أدبه في المبحث الأخير.

وقد تناولنا في الفصل الرابع أثر الإسلام في أدب غوته من خلال تأثره بالقرآن الكريم والرسول محمد صلى الله عليه وسلم ، وما كتبه من نتاج أدبي متميز استلهم أفكاره من سور القرآن الكريم ومن شخصية الرسول صلى الله عليه وسلم .

فكان عبارة عن مبحثين: خصص الأول لأثر الإسلام في أدب غوته، أما الثاني فكان عن تأثر غوته بشخصية النبي محمد .

إن هذا الاستعراض السريع لفصول كتابنا هذا، قد تعطي صورة عن مضمونه ومحتواه إلا أنها بكل تأكيد لا تغني عن القراءة المتأنية الممتعة لجميع فصوله التي تضمنت ما جادت به قريحة وأفكار الشاعر والعبقري (غوته) في حبه للشرق، وعلى وجه الخصوص الشرق العربي الإسلامي. نأمل أن نكون قد وفقنا في تسليط الضوء على تأثير الاستشراق في أدب الشاعر والأديب والمفكر الألماني الكبير غوته.

و الله ولي التوفيق

المؤلف

الفصل الأول

الاستشراق والمستشرقون *

(نظرة تاريخية)

―――――――――
* كتب هذا الفصل بالاشتراك مع الدكتور مفيد الزيدي.

## تمهيد

### الاستشراق :المفهوم والمصطلح

لا يمكن تحديد تعريف دقيق للاستشراق لأنه في واقع الحال ليس بالمفهوم العلمي أو الاصطلاحي بل هو مصطلح "ثقافي". فهو لم يلد في الشرق أو بلاد العرب و المسلمين خاصة بل أنه رغم تحدثه عـن المشرق وأحواله كمادة أساسية، إلا أنه بزغ نجمه، وتعافى عوده، وقوى مسنده في الغرب.

ويمكننا تعريف الاستشراق بأنه علم الشرق أو علم ((العالم الشرقي)) وكلمة مستشرق ARABIST أو ORIENTALIST تطلق بالمعنى العام على كل عالم غربي يشتغل بدراسة الشرق: لغاته، آدابه، حضارته وأديانه.

وهنا نريد الخوض في المدلول الاصطلاحي للاستشراق، فيعد إدوارد سعيد في كتابه ((الاستشراق)) الذي أثار ضجة كبيرة ولا زال، قد عرى البنية العسكرية والفكرية للانجلو-سكسون في القرنين التاسع عشر-والعشرين، وفضح عملية سيطرته على الشرق، وامتلاك السيادة عليه، وإعادة بنائه وإنتاجه سياسيا واجتماعيا وعقائديا وعلميا من خلال نصوص تستمد سلطتها المرجعية من (التمثيلات النصية) دون تفحص لمدى تطابق تلك النصوص مع الحقيقة التاريخية و الواقع العقلي[١].

وقد ضبط سعيد تعريف المستشرق على أنه "كل من يقوم بتدريس الشرق أو الكتابة عنه أو البحث فيه، ويسري ذلك سواء أكان المرء مختصا بعلم الإنسان أم بعلم الاجتماع أو مؤرخ أو فقيه لغة، في جوانبه المحددة والعامة على حد سواء، فهو إذن مستشرق وما يقوم به هو استشراق[٢].

## المبحث الأول

### المراحل الاستشراقية:

يرجع بعض الباحثين والمؤرخين البدايات الأولى لظهور الأفكار الاستشراقية إلى القرن العاشر الميلادي، ولعل أغلبهم يميل إلى تقسيم الاستشراق إلى: استشراق قديم (old Orientalism) واستشراق جديد ( New Oriental ism).

ويعتمد القديم على دراسة حضارات الأمم والشعوب وآدابها وفنونها ولغاتها وتقاليدها وقد نهض به أساتذة متخصصون في تلك الحقول الفكرية ذات الجذور البعيدة.

أما الاستشراق الجديد فيعتمد على جمع المعلومات عن جميع نواحي الحياة العربية بما فيها الأوضاع السياسية وتحليلها، وكثيرا ما كانت معلوماته رافدا للأجهزة الاستخبارية للدول التي تتعامل مع بلدان الشرق الأوسط التي لها مصالح اقتصادية مؤثرة[٣].

في حين يعد كتاب نجيب العقيقي (المستشرقون)، من أهم الكتب التي عالجت موضوع الاستشراق، متناولا إياه خلال ألف سنة، وهو يتألف من ثلاثة أجزاء.

إن الولوج إلى دراسة الاستشراق في أدب شاعر الألمان (غوته) يتطلب إلقاء نظرة سريعة على علم الاستشراق قديمه وحديثه.

فقد أولت الحملات الاستشراقية في بدايتها اهتماما بالغا بالتأريخ العربي الإسلامي وأخذت صورة العرب والمسلمين تتجلى بشكل أوضح في أفكار الأوربيين، وتأسست المطابع العربية في مدن أوربية كثيرة قبل عدة قرون، وقد بدأت هذه المطابع بنشر كتب التراث العربي، كما ترجم القرآن الكريم ترجمات

كثيرة إلى لغات عديدة، ولعل إيطاليا كانت من أوائل الـدول الأوربيـة التـي اهتمـت بطبـع الكتـب العربية، فأسست مطبعة خاصة في مدينة فنو الإيطالية، وقد لعبت هذه المدينة دورا مهما في نشر الكتـب العربية<sup>(٤)</sup>.

وطبع القرآن الكريم في مدينة البندقية سنة ١٥١٨م، إذ شهدت سنة ١٥٨٥م طبع أول مؤلف جغرافي عربي هو كتاب "البستان في عجائب الأرض والبلدان" للصالحي، وفي عام ١٥٩٢م ظهر كتاب "قواعد اللغـة العربية" لعثمان بن عمر الحاجب.

وفي سنة ١٥٩٣م طبـع الكتـاب العربـي الـذائع الصيت "نزهـة المشـتاق بـاختراق الآفـاق" للشـريف الإدريسي، وكتاب "القانون في الطب" لابن سينا سنة ١٥٩٣م، ومن الكتـب العربيـة المهمـة التـي نشـرت في وقت مبكر، كتاب "زهر الأفكار" للتيفاشي سنة ١٥١٨م، وكتـاب "الألفبـاء العربيـة" سنة ١٥٨٢م في ألمانيـا، وبعد تلك الحقبة التاريخية، بـدأ العمـل الاستشراقي في طباعـة التـراث العربـي يسـير باتجـاه كتـب اللغـة العربية ذاتها، وقواعدها وأصولها، فطبع "القاموس المحيط" للفيروز آبادي سنة ١٦٣٢م، وغيره مـن مصـادر لغوية تاريخية مهمة.

ثم تلت هذه الفترة، نتاجات للمستشرقين الإنجليز وأغلبهم من رجال الدين فقد ألف (همفري بريدو) المستشرق الإنجليزي كتابا عن الرسول الكريم، وقد كان كاهنا من نوريج في بريطانيا سنة ١٦٨١م، فيما ألف بعد ذلك القسيس الإنجليزي "سيمون أوكلي" (Simon Ockely) كتاب (تأريخ العرب) بجزئين في سوانسي في كمبردج سنة ١٧٢٠م، أعقبه كتاب للمستشرق الفرنسي (جاجنير) (J.Gagnier) عن حياة

الرسول، معتمدا فيه على نص أبي الفداء في كتابه (المختصر في أخبار البشر) الذي طبع سنة ١٧٢٣.

في حين يعد الاستشراق الفرنسي من أقدم المدارس الاستشراقية تاريخيا، إذ أن أول كرسي للغة العربية قد تأسس في باريس وبالذات في كوليج دي فرانس (College de France) عام ١٥٣٩م، وكان قد شغله آنذاك المستشرق الفرنسي غليوم بوستل (G. Postel) على الرغم من أن المدرسة الاستشراقية البريطانية كانت من أهم المدارس وأكثرها بروزا خاصة منذ نهاية القرن التاسع عشر فصاعدا، وقد تأسس كرسيا آخرا للغة العربية في جامعة ليدن بهولندا عام ١٦١٣م.

في حين كان للاستشراق الألماني دورا كبيرا في رفد الاستشراق الروسي بالعون في بداية نشأته، فقد استدعى القيصر مثلا، المستشرق (دورن) الذي أصبح رئيسا لقسم اللغات السامية [٥].

ومن المستشرقين الألمان المشهورين سيمون فويل (S.Weil) والمستشرق فستنفيلد (Wastenfeld) الذي قدم خدمات جليلة بتحقيقاته الكثيرة. ومن التوجهات الملحوظة التي تميز بها الاستشراق الألماني بالدرجة الأولى هي دراسة المواضيع العلمية في الحضارة العربية.

إذ نجد أن المستشرق الألماني (فوبكه Woepcke) قد حقق ونشر رسائل عربية عدة في موضوع الجبر أمثال براهين الجبر والمقابلة للخيام، وكتاب الفخري في الجبر، والمقابلة للكرخي، وخلاصة الحساب لبهاء الدين العاملي، ورسالة النيسابوري عن مسائل الجبر والمقابلة، وكتب سشتوي (Schoy) عن الحسن بن الهيثم وابن يونس.

وفي مرحلة لاحقة من تاريخ الاستشراق الألماني ظل مهتما بالدراسات اللغوية والأوربية، فالمستشرق (نولدكه Noldcke) كتب عن قواعد اللغة العربية الفصحى وألف معجم اللسان العربي الفصيح، كذلك كتب برونليخ (E. Braunlich) عن الخليل بن أحمد الفراهيدي وكتاب العين، وسيبويه واللغة العربية، واتسع نطاق الاستشراق الألماني، فقد ذهب إلى أمريكا المستشرق غوستاف فون غروبناوم (G.V.Grunebau) ونشر هناك عددا من الدراسات عن الإسلام.

وقد اشتهر فلهاوزن (Well hausen) في كتاباته عن تاريخ اليهود، ودراسات عن محمد في المدينة، وأحزاب المعارضة في الإسلام قديما دينا وسياسة، والسيادة العربية، والدولة العربية وسقوطها منذ ظهور الإسلام وحتى نهاية الدولة الأموية.

وضمن اتجاهات الاستشراق الألماني، تم دراسة شعوب الشرق، كتاريخ الأمة العربية وتاريخ الغربيين، والأتراك، وقد تخصص (كاسكل) بالبدو والقبائل العربية[٦].

وكما سبق إليه القول فإن الاستشراق الألماني بقي محافظا على اهتمامه بتأريخ العلوم عند العرب، فقد نشر المستشرق هير شبرغ (Hischberg) رسالة طب العيون لابن سينا، والمنتخب في علاج أمراض العين للموصلي، وكتب في موضوع أطباء العيون عند العرب، كما كتب المستشرق لبمان (E.Lippmann) عن المسائل العلمية التي عالجها البيروني في الشرق الأقصى، فيما كتب فيدما (Wedemann) كتاب (الحيل) لابن الجزري، ورسالة الكندي في موضوع المد والجزر، وكتب عدة مقالات أخرى عن عدد من العلماء العرب.

ويمكننا إيجاز اتجاهات المدارس الاستشراقية في بدايات الفترة الاستشراقية الأولى، إلى الاتجاهات التالية :

أولا: الاهتمام بالدراسات اللغوية الأدبية العربية.

ثانيا: توجه المدارس الاستشراقية الواسع نحو نشر المخطوطات العربية وتحقيقها وترجمة البعض منها أو التقديم للبعض الآخر.

ثالثا: ارتباط المدارس الاستشراقية بالتبشير وخضوعها للتأثير الديني بصورة عامة.

رابعا: إن عددا من المستشرقين كانوا يجمعون بين صفتين :السياسي والمستشرق مما يؤكد على ارتباط بدايات الاستشراق وخضوع حركته للتوجيه السياسي[٧].

## المبحث الثاني

### المراحل الاستشراقية الحديثة:

إن التطور التاريخي للاهتمام بالاستشراق الحديث يعود إلى منتصف القرن العشرين، على الرغم من أنه ظهر واستمر قبل ذلك التاريخ كما مر ذكره.

إذ أن نطاق اهتمامه ونموه ازدادت في هذه المرحلة لعدة أسباب في مقدمتها استقلال الدول التي تخضع للقوى الاستعمارية، وتفسخ عقلية أغلب المستشرقين مع انتهاء عصر الاستعمار، وظهور ميل جديد من المستشرقين الشباب الذين أظهروا نقائض الهيمنة الغربية وحلقات الضعف في النموذج الحضاري الغربي، وقوة الخصوصية القومية الحضارية وحقها في تحرر والنمو الذاتي، وقد أدى تصدع المحورية الغربية بعد تحرر الدول المستعمرة من الهيمنة الغربية إلى حدوث أزمة

على مستوى الاستشراق تزامنت مع أزمة سيادة الاتجاه التقليدي للاستشراق، الذي يمثل السلطة المعرفية في نسيج تلك المحورية.

ثم جاءت الخطوة التالية في ظهور العلوم الإنسانية وتطورها الذي أحدث صدمة في نفوس المستشرقين المجددين للوقوف على القصور في الاستشراق التقليدي وأدواته ومناهجه، وانقطاعه شبه التام عن النظرة التجديدية التي أفرزتها العلوم الإنسانية في طريق تقدمها ونموها، وفرضت ضرورة الاهتمام بالتحليل الخارجي مع التحليل الداخلي ومجرى التقلبات التاريخية التي يتعدى منطقها نطاق القوالب الجاهزة والنظرة الكونية (العالمية) الثابتة والجامدة التي لا تتناسق مع أفق النمو والتطور التاريخي.

لقد تعددت المدارس الاستشراقية ونشطت في القرن الأخير بشكل كبير، مما يدعونها إلى إلقاء نظرة سريعة على تلك المدارس (الانكليزية والفرنسية والأمريكية والروسية ومن ثم الألمانية) بأنماطها المختلفة مع تحليل مقتضب لكل الأنماط كالآتي :

١. الاستشراق الإنكليزي (نموذج جب) :

احتل الشرق دائرة اهتمام عدد الكبير من المستشرقين الإنكليز خلال القرون الماضية من التكوين الحديث، وتمحورت الاتجاهات في عدة مدارس استشراقية إنكليزية تصدت لدراسة الإسلام والتاريخ العربي والعقيدة الإسلامية بل حتى الثقافة والحضارة العربية الإسلامية بمختلف جوانبها وإفرازاتها.

فعلى سبيل المثال كانت الشخصيات التاريخية مثار جدل بين المستشرقين الإنكليز على مدى عدة عقود من الزمن، ويمكن أن نستدل على ذلك من نظرة

المستشرقين إلى السلطان الأيوبي صلاح الدين الذي احتل اهتماما كبيرا في مواجهته للصليبيين، في دائرة الاهتمام الاستشراقية العربية عامة والإنكليزية خاصة.

وكان أول من كتب عنه هو المستشرق ستانلي لين بول (Stanlie L. Pul) الذي تبنى إلى حد كبير رؤية المؤرخ الأيوبي ابن شداد صاحب كتاب "النوادر السلطانية والمحاسن اليوسفية" ونقل صفحات كاملة من هذا الكتاب من سيرة صلاح الدين الأيوبي، ورافقه المستشرق هاملتون جب (Hamelton Gibb) الذي قدم دراسة منهجية دقيقة من خلال دراسته لكتاب ابن القلاني "ذيل تاريخ دمشق" وبحثه عن " حياة صلاح الدين من خلال كتابي بهاء الدين وعماد الدين" واعتمد أيضا على ابن شداد بشكل كبير في معرفة شخصية صلاح الدين.

فكان ابن شداد الصديق الحميم لصلاح الدين، والتحق به إعجابا بشجاعته وحبه للجهاد، وترك منصبه في الموصل واتجه إلى مهنته الأصلية كونه مؤرخا، وأكد المستشرق لايونز أن ابن شداد مصدر لا غنى عنه لكل من يخوض في الكتابة عن صلاح الدين الأيوبي، وهو مؤرخ ثقة ومعتمد رغم قربه من صلاح الدين، وتبنى بذلك (لايونز) تفسيرات ابن شداد في الأحداث، واحتل بذلك ابن شداد مكانة بارزة في نفوس المستشرقين الناطقين بالإنكليزية وظلت كتاباته رغم صدور سير أخرى عن صلاح الدين للمستشرقين آخرين مثل لين بول، ولا يونز، وجاكسون [٨].

ويعد (جب) من خيرة المستشرقين الإنكليز الذين تصدوا للتاريخ العربي الإسلامي كونه مثل المستشرق (المنهجي) فقد درس في مدرسة الدراسات العليا الشرقية عام ١٩١٩ وحصل على الماجستير عن الفتوحات العربية في آسيا

الوسطى، ثم اتجه إلى دراسة الأدب متأثرا بأستاذه (توماس أرنولد) وأبعده بذلك عن تيار الاستشراق الديني والتبشير الذي كان شائعا حينذاك، ثم اتجه لدراسة الأدب العربي المعاصر وعلاقاته التي نشأت مع المفكرين المصريين فأصبح عضوا مراسلا في مجمع فؤاد الأول للغة العربية في الثلاثينات، وقام بترجمة بعض الأعمال مثل رحلة ابن بطوطة، ورسخت لديه قناعات في بناء مفهومه للتاريخ العربي والحضارة العربية الإسلامية مفادها أن الدين الإسلامي هو القوة الموحدة التي استطاعت أن تصهر الشعوب في بوتقة واحدة من الفكر والمعتقد، وانعكست في كتبه وأعماله.

وقد رقي (جب) أستاذا للغة العربية خلفا لأستاذه أرنولد، وأصبح في الدرجة الأولى من المستشرقين، ومحررا في دائرة المعارف الإسلامية، ودرس التاريخ الإسلامي الوسيط في جامعة لندن، والحروب الصليبية وسيرة صلاح الدين الأيوبي خاصة، وقاده لقاءه مع أستاذه أرنولد توينبي إلى دخول جب الاستشراق السياسي من خلال تكليفه بعدد من الأعمال لصالح المعهد العالي لشؤون الدولية الذي كان توينبي رئيسا للبحوث والدراسات فيه. وكان قد أنجز جب مشروعه الضخم مع باوون "المجتمع الإسلامي والغرب" (Islamic Society and The West).

واختير جب عام ١٩٢٧ أستاذا للغة العربية في جامعة أكسفورد خلفا للمستشرق باركوليوث، وكان منصبه من أهم المناصب الاستشراقية في بريطانيا والعالم بأجمعه. فكتب (المحمدية)، و(حياة صلاح الدين الأيوبي) و(الاتجاهات الحديثة في الإسلام) تعبيرا عن اهتمامه بهذا الاتجاه منذ أن كان في لندن[٩].

وقد تعددت لقاءاته مع المستشرقين الإنكليز والأمريكان، وزياراته للمنطقة العربية، فألقى محاضرات في القاهرة وبغداد وبيروت والجزائر وأصبح في الحرب العالمية الثانية مديرا للدراسات في دائرة الشرق الأوسط في الخارجية البريطانية. إلا أنه في الواقع لم يكن منسجما مع هذا الوضع، وفي الوقت نفسه تعززت علاقته مع المجاميع والمؤتمرات الأخرى في عدة ولايات أمريكية ومنها اشتراكه في العمل الضخم في جامعة بنسلفانيا عن تأريخ الحروب الصليبية، ثم اندفع وهو في سن الستين للانتقال إلى الولايات المتحدة، وقبوله بمنصب أستاذ اللغة العربية في جامعة هارفارد، وبدأ يتخذ من الدراسات العربية والإسلامية منهجا استشراقيا أكاديميا وقدم دراسة رغم مرضه عام ١٩٦٤ وهي "تراث الإسلام في العالم الحديث" في المجلة العالمية لدراسات الشرق الأوسط بإشراف تلميذه (ستانفورد شو)، ثم استكمل دراسته عن ابن بطوطة، وأعمال أخرى منها كتاب ((حياة صلاح الدين)) ولكنه توفي عام ١٩٧١ بعد أن طوى صفحة هامة من صفحات الاستشراق الإنكليزي وترك جيلا من المؤرخين في شتى بقاع العالم، وخلف مدرسة تاريخية يعرف بها الجميع لأنه كان أكاديميا في نظرته، علميا في معالجاته موضوعيا في آراءه، ولم يهتم بالأوضاع السياسية بحيث تجعله ينغمر في تصورات بعيدة عن التاريخ العربي الإسلامي لأمزجة سياسية كما فعل العديد من المستشرقين الإنكليز في ذلك الوقت[١٠].

وهكذا فإن الاستشراق الإنكليزي ذو اتجاهات متباينة غلبت عليه الروح السياسية والمؤتمرات الواقعية وانعكس على تصور المستشرقين ومعالجاتهم للتاريخ الإسلامي، ووصفت أغلبها نظرة سلبية تجاه التراث العربي الإسلامي في محاولة

للبحث عن ثغرات أو عيوب لمهاجمته، ولكنه كانت هناك استثناءات أنبتت آفاقا جديدة في التعامل مع التأريخ العربي، وصنعت مدرسة واسعة في الشرق والغرب ومنها بالوطن العربي مثلها بحق (هاملتون جب).

**٢. الاستشراق الفرنسي :تقليد أم تجديد**

يأتي الاستشراق الفرنسي في طليعة الاهتمامات الغربية بالتاريخ العربي الإسلامي، وإن اختلفت اتجاهاته بين المتطرفين، والمعتدلين الأكاديميين وغيرهم، ومن أبرز المستشرقين الفرنسيين لوي ماسينيون ( L. Massignon) رغم الاتهامات الموجهة له بأنه من المستشرقين المحسوبين على الطابور الاستعماري وتكريسه ذهنيات تقليدية استشراقية لكنه كان أول مستشرق حاول وضع العلوم الإنسانية على المحك وكان مولعا بالإسلام وفقا لنظرة صوفية، وقام بمفاضلات بين الديانات الأخرى والإسلام، ورغم أنه تميز بالتجديد ومحاولة التطور وسعة الأفق لكنه ظل وثيق الصلة بالاستشراق التقليدي وحبه الشديد للتصوف وخاصة شخصية (الحلاج).

أما المستشرق مكسيم رودنسون (M. Rodinson) فلم يمارس الاستشراق بشكل تقليدي ضيق ولم يرتبط بأسماء معينة مثل ابن حزم أو الحلاج أو غيرهم، بل مارس نقدا علميا موضوعه المشرق والبلاد الإسلامية، ودرس الشرق كمجموعة من الشعوب والمناطق والمجتمعات والثقافات، وكان منهجه مستمد من المادية الجدلية، وقد عمل على تأليف كتبه ((إسرائيل والرفض العربي)) و((الماركسية والعالم الإسلامي)) و((جاذبية الإسلام)) و((محمد والإسلام)) و((والإسلام والرأسمالية)) وغيرها[١١].

أما جاك بيرك (J. Berque) فهو أحد تلاميذة (ماسينيون) ضمن المستشرقين الأكثر حضورا في المجال العربي والفرنسي، واهتماما بالدراسات الاستشراقية والدفع بها إلى العلوم الإنسانية. وقد أحدث تغييرات في التجديد الموضوعي والمنهجي، ومحاولة تجريب مناهج العلوم الإنسانية، وربط الاستيعاب مع الميدانية بفعل عمله في المغرب ومصر. وحاول بيرك التخلص من الاستشراق التقليدي، وظل يشعر بأزمة الاستشراق التقليدي كخطاب وممارسة.

أما أندريه ميكل (A. Miquel) فهو من الجيل الثاني تتلمذ على يد جيل المستشرقين في النصف الأول من القرن العشرين، والذي سلك طريق تحديث الاستشراق وصهره في العلوم الإنسانية ووجده أكثر يسرا أمامه، يتميز باهتماماته بالتاريخ والجغرافية والأدب العربي القديم والحديث، وأبرز كتبه "الجغرافية البشرية للعالم الإسلامي حتى منتصف القرن الحادي عشر الميلادي" ثم كتابه "الإسلام وحضارته من القرن السابع إلى القرن العشرين" الذي صدر بالفرنسية عام١٩٧٧[١٢].

وهكذا حاول الاستشراق الفرنسي أن يحول الاهتمام بالاستشراق من المنهج التقليدي إلى التجديدي لا سيما من المستشرقين الجدد، ثم محاولة دمج الاستشراق بالعلوم الإنسانية وتطبيق المناهج العلمية عليه بعيدا عن الوصف والرد، ولكن المستشرقين في أغلبهم لم يقدموا صورة حقيقة عن الإسلام والحضارة العربية في كتاباتهم نظرا لسوء فهم واستيعاب العربية وفهم النصوص الإسلامية، أو النظرة المسبقة تجاه الإسلام من رؤية أيديولوجية متزمته تبشيرية أو دينية، أو بسبب النفوذ اليهودي في الساحة الثقافية والعلمية في فرنسا وعدم إفساح المجال أمام الباحثين

لتبني رؤية علمية وصادقة تجاه العرب على الأغلب، ويكفي الإشارة إلى كتاب المفكر الفرنسي-روجيه غارودي "الأساطير الإسرائيلية" الذي أثار جدلا كبيرا في الأوساط الثقافية الفرنسية والأوربية عامة.

٣. الاستشراق الأمريكي :رواسب المركزية الغربية :

لم يبدأ الاستشراق الأمريكي بدوره الأكاديمي والبحثي إلا بعد الحرب العالمية الثانية وكذلك تأخر كثيرا عن الاهتمامات الأوربية، رغم أن الولايات المتحدة لها صلة مع الشرق منذ القرن السادس عشر، وظل المشرق يؤثر بشكل هام في علاقات الأمريكان بالشرق، وقد ورث الأمريكيون من هذا الاستشراق الروح العدائية تجاه الشرق والشرقيين(١٣).

وقد أسهمت عدة عوامل في ازدياد الاهتمام الأميركي بالشرق و الاستشراق وهي العلاقات الدبلوماسية و التجارية للولايات المتحدة مع الدولة العثمانية وولاياتها على البحر المتوسط، وتنامي النشاط التجاري البحري مع دول المتوسط والشرق بعد الحرب العالمية الثانية، وزيادة الاهتمام الأمريكي بالبحث والتجارة والسياحة في الشرق، والنشاط التبشيري الواسع مع الشرق والجهود الصحية والتعليمية ولا سيما في الشام والتي توجت بإقامة الجامعة الأمريكية ببيروت والقاهرة ومراكز البحوث والإعلام ثم الهجرات العربية المتلاحقة إلى الولايات المتحدة بدءا من مطلع النصف الثاني من القرن التاسع عشر، ومشاركة الجاليات العربية في عملية إنتاج المعرفة المتصلة بالشرق، ثم الاستلهام الفني والأدبي للشرق في الأدب الأمريكي من خلال ألف ليلة وليلة، وكتابات الرحالة عن مشاهداتهم عن الشرق، وزيارات الأدباء

الأمريكيين للشرق مما مكن من استلهام الشرق وثقافاته في الأدب الأمريكي، وأخيرا هجرة كبار المستشرقين إلى الولايات المتحدة مما عزز من فاعلية النشاط الاستشراقي الأمريكي مثل جب وفربناوم وادين وغيرهم.

وقسمت الاهتمامات الأمريكية نحو الشرق على أساس جغرافي إلى شرق أوسط وشرق أقصى، "أمريكا اللاتينية"، "أوروبا الشرقية"، "جنوب شرق آسيا" وانعكس على إقامة مراكز الأبحاث وأقسام الجامعات الإقليمية المختصة، ونشر الأولويات من خلال الكتب، وإقامة الجمعيات، والروابط المهنية، ومنح الجوائز، وعقد المؤتمرات الدورية مثل "رابطة شمالي أمريكا لدراسات الشرق الأوسط" في عام ١٩٦٦ ونظيرتها البريطانية "الجمعية البريطانية لدراسات الشرق الأوسط" أنشأت عام ١٩٧٣. إلى أن ظهرت "الرابطة الأوربية لدراسات الشرق الأوسط" في عام ١٩٩٠ برئاسة دريك هبوود (D. Hopwod) في مركز دراسات الشرق الأوسط في جامعة أكسفورد. ويعتقد الكثيرون أن كتابات ادورد سعيد ربما فتحت الأبواب أمام المزيد من الاهتمام بالاستشراق بعد صدور كتبه عن "الاستشراق ١٩٧٨"، و "قضية فلسطين ١٩٧٩" و "تغطية الإسلام ١٩٨١"، و "لوم الضحايا ١٩٨٨"، و "الثقافة والامبريالية ١٩٩٣".

ويشمل (روجر أوين) أبرز نقاد الاستشراق منذ ربع قرن في الولايات المتحدة ويشغل منصب أستاذ تاريخ الشرق الأوسط ومدير مركز هارفارد لدراسات الشرق الأوسط. وظل في كتاباته يشير إلى القصور والمغالطات منهجيا وموضوعيا في

الدراسات الاستشراقية وسعى إلى بث روح النقد في عدد من دارسي الشرق الأوسط والعالم الإسلامي، ومراجعاته النقدية لمؤلفات المستشرقين التقليدية مثل (جب) على سبيل المثال من أجل زعزعة سلطة الاستشراق التقليدي ونقده. وتصدى (أوين) لكبار المستشرقين مثل (برنارد لويس) وغيره. وأظهر بؤس دراساتهم ومناهجهم تجاه الشرق.

وكان (أوين) من أبرز مشجعي سعيد على مشروعه في الاستشراق، في حين عد سعيد كتابات (أوين) في التاريخ الاقتصادي للشرق الأوسط من أفضل الدراسات عن الشرق الأوسط خاصة في استحضار العلوم الإنسانية المعاصرة، وامتحانها الذاتي المستمر لمناهجها واستجابتها الحساسة لمادتها المدروسة (١٤).

إن ما يؤخذ على الاستشراق الأمريكي أنه ظل أسيرا باتصاله بالمركزية الغربية (الأوربية) في العصر الإمبريالي، ولازالت بقاياه ورواسبه قائمة، وهو يشكل انتكاسة لدراسات الشرق الأوسط التي حاول سعيد وغيره من النقاد مثل أنور عبد الملك والطيباوي وحليم بركات وهشام شرابي وغسان سلامة وروجر أوين، أن ينبهوا لخطورة ما يقع تحته من أرضية هشة بسبب الأجواء الإمبريالية ولا سيما في القرنين الماضيين في أوروبا ثم سعى بعض المستشرقين إلى إيجاد مناخ منهجي أكاديمي لتخليصه من ذلك.

ويبدو أنه لازال الصراع قائما في الولايات المتحدة بين هذين التيارين حتى اليوم في كيفية تبني منهج صحيح وواقعي من الشرق والدراسات الشرقية لا سيما مع تزايد وجهة النظر اليهودية وتأثيراتها في عملية صنع القرار السياسي ومراكز البحوث والجامعات الأمريكية كما يحول بشكل جذري من خلق مثل هذا التيار المحايد منهجيا.

**٤. الاستشراق الروسي : شرقي النزعة**

هناك شواهد مضيئة في الاستشراق الروسي الذي بدأ الاهتمامات بالشرق والمنطقة العربية منذ العصر الحديث، ولكن آفاقه ارتقت في القرن التاسع عشر بشكل ملحوظ مع تزايد عوامل التفاعل بين الروس والمسلمين والعرب خاصة في مجالات الثقافة والسياحة والزيارات والمصالح الاقتصادية والبعثات الدراسية وغيرها.

وظهرت كتابات من مستشرقين روس مثل بيرسفيثون وبوسوشوكوف، وكوسوى، وكيوفلير وغيرهم مثل بوشكين وغوغول وبيساريف، وأبرزهم كراتشوفسكي وسفره الخالد "تأريخ الأدب الجغرافي عند العرب".

وقد حاول هؤلاء المستشرقين دراسة التاريخ العربي والدفاع عنه تجاه الهجمة المركزية الأوربية الغربية، في كتابة تأريخ الأوسع الجغرافي العربي وتأكيد المكانة الرائعة للحضارة العربية في تاريخ البشرية. وظهرت مدرسة استشراقية سوفيتية لا تندرج ضمن جهود المدرسة الاستعمارية الاستعلائية فيها مثل فرين وساخالييف

وفولكوف وبتغولييف وكورش وروما لوف وماشانوف وغيرهم ممن لهم مكانة مرموقة في عالم الاستشراق[١٥].

وهكذا فإن الاستشراق الروسي، شرقي في نزعته أقرب إلى الإنصاف والبحث عن الحقيقة على أساس السياسة الروسية أساسا لا مصالح استعمارية لها مع العالم الإسلامي، والوطن العربي، ولكن الحقيقة تقال أن الاستشراق الروسي لم يصل إلى مرحلة النضج والعمق في تحليل ودراسة وبناء مدرسة استشراقية يعتد بها كما كانت في الغرب سواء في إنكلترا أو فرنسا.

**٥. الاستشراق الألماني :اتجاهات جديدة**

تختلف ظروف الاستشراق الألماني عن غيره الأوربي أو الأمريكي لأنه يحتوي على ماضي استعماري، ثم أن موقف الدول العربية إلى جانب ألمانيا كراهية في بريطانيا وفرنسا في مرحلة الحرب العالمية الثانية قد حددت مواقف بعض المستشرقين من الاهتمام بالقضايا الإسلامية والعربية.

والاستشراق الألماني ليس فيه حيادي، البعض مع العرب والآخر ضد العرب والمسلمين، فقد قام بعض المستشرقين بالاهتمام بالمخطوطات وتحقيق قسم منهم ووضع الكتب أمثال (فلوجيل، وايفالد فاجنر)، إلا أن أشهر المستشرقين الألمان هو من درس الأدب والنقد العربيين (كارل بروكلمان) في كتابه "تاريخ الأدب العربي" رغم بعض السلبيات فيه، وهناك معجم (هانزفير العربي - الألماني) وظهرت معاهد ومراكز لتعليم العربية ومعاهد استشراقية، وتمت ترجمات من الألمانية

لدراسات أدبية ولكنها وفق نظرة ذاتية تحاول نقل صورة غير صحيحة عن الاضطهاد والطعن بالإسلام والموقف الإسلامي من المرأة(١٦).

وظهرت عدة مجلات تهتم بالآداب العربية والإسلامية من أهمها "عالم الإسلام" للمستشرق (شنيفان فشيلد) تهتم بالتراث والحداثة في الإسلام، ومجلة المشرق يرأسها المستشرق (أود وشتاين باخ) تعنى بالأمور المعاصرة من العالم الإسلامي، ويمكن التعرف على أبرز الاتجاهات الاستشراقية في ألمانيا من خلال ثلاثة اتجاهات، الأول: لمهتمين بالتراث العربي الإسلامي، حققوا ودرسوا وألفوا فيه منذ عدة سنوات أبرزهم بروكلمان، وفرايتاج، والأديب روكرت اهتم بمقامات الحريري والمعلقات، وديوان الحماسة لأبي تمام، وسيمون فايل، ومارتن هارتمان، وأوجست فيشر، ونولدكه، وآدم ميتز، والمستشرقة (آنا ماري شيمد) التي حصلت عام ١٩٩٥ على جائزة السلام من رابطة دور النشر الألمانية وأعلنت بقولها "لم أجد بتاتا في القرآن أو في الحديث دعوة إلى الإرهاب" ونشرت نحو ثمانين دراسة عن الإسلام و التراث العربي، ولم يترجم أي منها إلى العربية للأسف الشديد حتى الآن.

الاتجاه الثاني :هم المستشرقين في اختصاص التراث لا سيما أعضاء "جمعية المستشرقين الألمان" (DMG) تأسست في العام ١٨٤٥، وعقدت في نهاية عام١٩٩٨ مؤتمرها السابع والعشرين في بون بمشاركة نحو ١٥٠٠ عضو، وظهر من خلال هذا التوجه أعضاء شباب جدد يدعون إلى التجديد في الاستشراق فضلا عن الجيل الأول من هذا الاتجاه وهم فليد، نويفيرت وفالتر، ومونكا، ومولبورك، وكريمر وغيرهم.

والاتجاه الثالث :فهو إتجاه الاستشراق المعاصر الذي يهتم بالشرق الأوسط المعاصر من خلال "جماعة الاستشارق الألماني المعاصر" دافو (DAVO) التي تأسست في العام ١٩٩٤ في هامبورغ برئاسة المستشرق (أودوأشتاين باخ) تضم نحو ٥٠٠ عضو، عقدت مؤتمرها الخامس في نهاية العام ١٩٩٨، ولها اهتمامات جديدة بعيدا عن اتجاه الاستشراق التقليدي، مثل قضايا السياسة، الدراسات الاجتماعية للبلدان الإسلامية، والروابط الاقتصادية، والنظم السياسية والعلاقات معها في الشرق، وجغرافية العمران، والإعلام وتبتعد عن الاهتمام بالتراث نحو المعاصرة[١٧].

وهكذا فإن الاستشراق الألماني رغم قدمه منذ القرن الثاني عشر الميلادي إلا أن البداية الحقيقة تعود إلى عهد قريب نضج على يد كبار المستشرقين المهتمين بالفلسفة الإسلامية والشريعة، والفلك، والنحو، والمعاجم، لذا فإن الجيل الجديد من المستشرقين باتوا غير مهتمين بالتراث بل بالقضايا المعاصرة في الشرق، ويظل الاستشراق الألماني بمعزل عن الأمريكي، والبريطاني والفرنسي له نكهة خاصة به، ولذلك رغم تعدد اتجاهاته إلا أن المستشرقين الألمان أنصفوا الحضارة العربية الإسلامية ولم يتأثروا بالتيارات المعادية للعرب والمسلمين في أوربا وأمريكا[١٨].

نجد تلك الحقيقة جلية واضحة في فصول كتابنا اللاحقة، التي تسلط فيها الضوء على تأثيرات الاستشراق، لاسيما الألماني على أدب غوته شاعر الألمان الكبير وعبقري الأدب الألماني الذي فتحت له كتابات المستشرقين الألمان والكتب

المترجمة عن الشرق العربي الإسلامي آفاقا رحبة ليتجه نحو دراسة الآداب العربية والإسلامية، ولينهل من ينابيعها ومواردها الثرة وكنوزها الدفينة.

## رؤية منهجية :

إن الاستشراق مظهر من مظاهر الغرب بالشرق بدون شك، وهو نتاج لهذه الصلة لذلك فإن تنوع صلات الشرق بالغرب فرض تنوع إتجاهات الاستشراق يضا بين استشراق سياسي يعبر عن مصالح الغرب السياسية والاستعمارية، استشراق ديني يترجم دوافع التبشير واستشراق أدبي يستلهم فيه بعض الأدباء سحر الشرق وغرائبيته، واستشراق أكاديمي جعل المعرفة همه الأساسي، وأي قد للاستشراق لابد أن يأخذ بحسبانه هذه الحقائق.

القضية الأخرى أن الموقف من الغرب قد خلق أنماطا متباينة من نقد الاستشراق، والموقف من الاستشراق بطبيعة الحال يحدد المواقف من صاحبه (أي الغرب).

لذلك فبقدر تنوع الصلات والمواقف من الغرب تنوعت المواقف من الاستشراق، وتشكلت المدارس والمناهج التي تفترق في اتجاهاتها ونقدها للاستشراق، ن السير وفق هذا المنهج أو ذاك أمر يحدد الهدف أو الغاية من العمل بقدر ما يحدده انتماء أصحابه لهذا الاتجاه أو سواه، لذلك فالباحث الأكاديمي يجب عليه في كل الأحوال أن لا يبتعد عن الثوابت الإسلامية والحقائق التاريخية مهما

جذبته المادة الفكرية في الدراسات الغربية لـكي لا يـذهب بعيـدا وراء أفكـار وتحليـلات نابعـة مـن قناعات ذاتية ومزاجية أو سياسية لا تتفق مع الحقائق التاريخية التي لا يكمن تغييرها بحسب الأهواء.

وفي فصول كتابنا هذا، سوف نرى أن شاعر الألمان الكبير (غوته) قد تأثر بالاستشراق في جانبه الأدبي، إذ فتح له نافذة أطل منها على الشرق، لا سيما الشرق العربي الإسلامي، ليذوب في سحره ويعيش في عوالمـه الساحرة، وقد أثمر ذلك شعرا ونثرا رفيعين.

**هوامش الفصل الأول**

١- ينظر :

سلمان داود الواسطي "كتاب ادوارد سعيد الجديد الثقافة والاستعمار" عالم الكتب والمكتبات، العـدد (١)، عمان، شتاء ١٩٩٤.

٢- للتفاصيل، ينظر :

ادوارد سعيد، الاستشراق، المعرفة – السلطة. الإنشاء، ترجمة كمال أبو ديب، بيروت، ١٩٨١.

٣- عادل الألوسي، "الاستشراق والعالم العربي" مجلة شؤون عربية العدد(١٠٦) حزيـران يونيـو ٢٠٠١، ص ٢٠٦.

٤- المصدر نفسه، ص ٢٠٨.

٥- د. عبد الجبار ناجي، تطور الاستشراق في دراسة التراث العربي، بغداد، ١٩٨١، ص ٣٥.

٦- المصدر نفسه، ص ٥٨.

٧- المصدر نفسه، ص ٣٠ وما بعدها.

٨- ناصر عبد الرزاق ملا جاسم، صلاح الدين الأيوبي في الاستشراق الإنكليزي والأمريكي، رسالة ماجستير، غير منشورة، كلية الآداب، جامعة الموصل، ١٩٩٢.

٩- ناصر عبد الرزاق ملا جاسم "سيرة صلاح الدين الأيوبي للقـاضي ابن شـداد في الدراسـات الاستشـراقية الناطقة بالإنجليزية" مجلة البحرين الثقافية، السنة (٥)، العدد (١٨)، ١٩٩٨

ص ١٠٤– ١٠٥.

١٠-المصدر نفسه، ص ١٠٥ – ١٠٧.

١١-سالم حميش، "الاستشراق الفرنسي في ركب العلوم الإنسانية"، مجلة المستقبل العربي، السنة (١٥)، العدد (١٦٢)، بيروت، آب/أغسطس ١٩٩٢، ص ١٢-١٥

١٢-المصدر نفسه، ص ١٥ – ٢٥.

١٣-عبد النبي اصطيف، "الاستشراق الأمريكي من النهضة إلى السقوط :عولمة دراسات المنطقة"، مجلة المستقبل العربي، السنة (٢١) العدد (٢٣٣) بيروت، تموز/يوليو ١٩٩٨، ص ٢٥.

١٤-المصدر نفسه :ص ٢٥ – ٤٣.

١٥-سهيل فرح، "الاستشراق الروسي، نشأته ومراحله التاريخية"، مجلة الفكر العربي، السنة (٥)، العدد (٣١)، بيروت، آذار/مارس ١٩٨٣، ص ٢٦١ – ٢٦٢.

إبراهيم محمد محمود، "كيف ينظر المثقف العربي إلى الاستشراق؟" مجلة المستقبل العربي، العدد (١٣٧)، بيروت، تموز/يوليو ١٩٩٠ ، ص٥٦.

١٦-محمد أبو الفضل بدران، الاستشراق الألماني المعاصر، مجلة آفاق الثقافة والتراث، العدد (٢٢-٢٣) دبي، أكتوبر/تشرين الأول ١٩٩٨، ص٥٨-٦٢.

١٧-فايشر، ب، الشرق في مرآة الغرب، دار سراس للنشر، تونس، ١٩٨٢، ص ٦٥-٧٢.

١٨-ينظر دراسات:

مفيد الزيدي، إشكالية الخطاب التاريخي العربي المعاصر، مجلة البحرين الثقافة، العـدد (٢١) تمـوز/يوليـو ١٩٩٩؛ ((شرق وغـرب صراع الحضـارات أم تعـدد ثقافـات))، اليرمـوك، العـدد (٥٩)، إبريل/نيسان، ١٩٩٨، ((الخطاب الثقافي العربي وأزمة البحث عن مسار))، مجلة العروبة، شباط/فبرايـر، ١٩٩٨.

الفصل الثاني


غوته حياته وأدبه

## المبحث الأول

### أولا :ولادته ونشأته :

ولد (يوهان فولغفانغ غوته)، في مدينة فرانكفورت على نهر الراين، يوم٢٨آب (أغسطس) ١٧٤٩م، وهو يعد من العباقرة الألمان الذين خلدهم التاريخ من خلال ما تركه من تراث أدبي وعلمي ثر تناولته الأجيال المتعاقبة حتى يومنا هذا بمزيد من البحث والدراسة والاطلاع رغم مرور أكثر من قرنين ونصف على صدور نتاجاته الأدبية والعلمية.

ولد غوته في بيت في حي (هيرش غرابن) على الطراز الغوطي، في أسرة ميسورة مثقفة، فوالده كان محاميا يعمل مستشارا للدولة، وأمه كانت ابنة مسؤول حكومي، وقد باعت والدته البيت بالمزاد بما فيه من أثاث ولوحات فنية ومكتبة عامرة، وحتى وثائق الأسرة أتلفت، لتتنقل العائلة إلى حي جديد خارج أسوار المدينة، وكانت تلك الانتقالية في أعقاب حملة التحديث التي غزت المدن الألمانية بما فيها فرانكفورت، التي كانت تعيش فترة القرون الوسطى في مبانيها وأزقتها وأسوارها وأبوابها التي كانت تغلق ليلا.

أثرت تلك الحادثة في الشاعر الشاب وكتب عنها في ((دفاتر الأيام والسنين)) وأصبح ذلك البيت في ما بعد مقصد الناس ليلقوا نظرة على المكان الذي ولد فيه غوته. تلقى علومه في المنزل حتى السادسة عشرة قبل أن يكمل تحصيله العلمي في لا يبزك تمشيا مع الخطط التي رسمها له والده لكي يشق مسيرته الحياتية كحقوقي يحتل منصبا في جهاز الإدارة.

وبعد إنهاء دراسته، عاد إلى فرانكفورت حيث بدأ حياته العلمية في مجال القانون مع بداية جادة في مجال الأدب سرعان ما تكللت بالنجاح لتصبح أبرز المسيرات في تأريخ الأدب الألماني.

حس الشاعر المرهف فتح قلبه على الحب فكانت حصيلته مرة الإحباط وخيبة الأمل كما هو الحال مع (شارلوت باف) التي نقلها في مؤلفه المشهور ((معاناة فولتير))، وأخرى ارتباطات عاطفية لفترات قصيرة، بعدها أقدم على خطبة (ليلي شونيمان)، ابنة أحد الأثرياء في مجال الصرافة، وأوحت إليه حياتها بعدد من القصائد، إلا أنه سرعان ما انفصل عنها، ومن تلك الفترة بدأ كتابة ((فاوست)) المؤلف الذي بقي شاغله طوال حياته.


في خريف عام ١٧٧٥ توجه غوته إلى فايمارتلبية لدعوة الدوق كارل أوغست الذي أوكل إليه مهام على درجة من المسؤولية، وجد الوقت خلالها مناسبا لإقامة علاقة متينة مع (شارلوت فوت شتاين) استمرت ١٢ سنة.

لكن المسؤولية الكبيرة في بلاط فايمار أعاقته عن إعطاء الوقت الكافي للأدب مما دفعه في ١٧٨٦ إلى السفر إلى إيطاليا، تلك السفرة التي ساعدته على التعرف إلى النهضة الأدبية فيها، فإلى جانب فايمار كانت روما المكان الوحيد الذي شعر فيه بالألفة، وكانت روما بالنسبة إليه، كما كتب عن ذلك بأنها (مذهلة) حتى في دمارها. كتب مؤرخو أدبه أن سفره إلى إيطاليا ساعد على تطوره وأغنى خبرته الأدبية وكان حصيلتها عشرين قصيدة صدرت له في ديوان.

وبعد عودته إلى فايمار بدأت قصة حب جديدة تملأ قلبه مغرما بكريستيان فيلبيوس ذلك الحب الذي جلب له فد البلاط لأنها من عائلة غير معروفة للأوساط الارستوقرطية.

رزق غوته والسيدة كريستيان فيليبوس خمسة أطفال لم يعش منهم سوى واحد، في ١٨٠٦ أنهى مؤلفه ((فوست)) ذلك العمل الذي كان غوته يعاود كتابته حينا بعد حين خلال حياته ولم يفرغ منه إلا في نهاية عمره، وفي عام ١٨٠٩ أنهى مؤلفه ((الميول الانتقائية))، جمعت غوته صداقة متينة منذ ١٧٠٤ بالشاعر الألماني الكبير شيلر، وخلفت وفاته المبكرة في ١٨٠٥ لديه ألما كبيرا.

عاش شاعر ألمانيا العظيم وحيدا لمدة ستة عشر عاما بعد وفاة زوجته في سنة ١٨١٦ وجاءت وفاته نتيجة نوبة قلبية في الثاني والعشرين من آذار عام ١٨٣٢ بعد أن وضع اللمسات الأخيرة على كتابه ((فاوست الثاني)).

**المبحث الثاني**

**أدبه :**

يحتل غوته في الأدب الألماني خاصة، والعالمي عامة، مكانة بارزة ظلت مثار اهتمام العالم أجمع على الرغم من مرور أكثر من قرنين ونصف، إلا أنه مازال يشغل الفكر الإنساني بمؤلفاته وأشعاره الغزيرة التي بدأ في نظمها وهو في السادسة عشر بطريقة مستحدثة وأسلوب فريد ارتقى بأدبه إلى قمة النثر الفني الكلاسيكي.

وتعتبر رواية ((آلام فوتر)) التي صدرت عام ١٧٧٤م الانطلاقة ليكون أحد زعماء حركة (العاصفة والاندفاع) الأدبية، أما مؤلفه ((مأساة فاوست)) فقد نشر الجزء الأول منه عام ١٨٠٨م، والجزء الثاني عام ١٨٣٢م، ذلك العلم الذي ظل غوته يعاود كتابته حينا بعد حين خلال حياته ولم يفرغ منه إلا في نهاية عمره، وهو يعد من أروع أعماله.

وفي عام ١٨٠٩ أنهى مؤلفه (الميول الانتقائية)، وله كذلك (شعر وحقيقة) الذي كتب فيه سيره الذاتية وقد ترجمها إلى العربية الدكتور مصطفى ماهر الملقب بعميد الأدب الألماني في مصر مع عدد من مؤلفات غوته منها مسرحيات :(نزوة العاشق) (الشركاء) (اورفاوست)، (جونس فون برشينجن)، (كلامنجو) (شيللا) و(أخت وأخت).

واختار غوته كلمة (DIVAN) أي (ديوان) ليؤكد شرقية أفكاره، وقد ضم الديوان قصائد تحاكي في نظمها آيات قرآنية، كما ضم قصيدة عن النبي محمد صلى الله عليه وسلم ، وإضافة إلى اهتمام غوته بالرواية والمسرحية، واهتمامه بنقد الفنون والآداب جميعا، فهو شاعر غنائي في طليعة الشعراء الألمان في هذا المجال، كما أنه من جانب آخر له كتابات علمية نذكر منها (العلوم الطبيعية) و(دراسة في البصريات) و(نظرية الألوان) و(رسالة في طور النباتات).

إلا أن تلك الكتابات العلمية لم تحظ باهتمام القراء والكتاب والمثقفين قدر اهتمامهم بكتاباته الأدبية وأشعاره التي بدأ ينظمها منذ أن كان طالبا في السادسة عشر من عمره حتى آخر سنوات حياته.

الديوان الشرقي للمؤلف الغربي

بدأ غوته بكتابة ديوانه هذا عام ١٨١٤ وانتهى منه عام ١٨١٩، وينقسم الديوان إلى قسمين كبيرين : القسم الأول في الشعر و الثاني في النثر.

وهي التعليقات التي وضعها (غوته) لشرح ديوانه وقد كتبها بين عام ١٨١٦م وعام ١٨١٨م، وقد استهل الشاعر ديوانه بتحية شعرية على دفة الكتاب اليسرى باللغة الألمانية مترجمة للغة العربية على الصورة التي وضعها المستشرق (سلفستردي ساسي) لتكون على دفة الكتاب اليمنى، ويقول النص العربي للتحية :

يا أيها الكتاب
سر إلى سيدنا الأعز
فسلم عليه بهذه الورقة
التي هي أول الكتاب وآخره
يعني أوله في الشرق
وآخره في الغرب

والقسم الأول من الديوان يتكون من اثنى عشر كتابا هي :كتاب المغنى، وكتاب حافظ، وكتاب العشق، وكتاب التفكير، وكتاب الغضب، وكتاب الحكمة، وكتاب

تيمور، وكتاب السخط، وكتاب زليخا، وكتاب الساقي، وكتاب الأمثال، وكتـاب البـارسي، وأخـيرا كتـاب الخلد.

والديوان يشيد بطبيعة الإنسـان وقواهـا، ويحمـل طـابع التفـاؤل والإقبـال عـلى الحيـاة، ويـدعو إلى المؤاخاة بين الأمم والشعوب، ثم هو مملوء بنظرة صوفية عميقة في الحياة بجميع مظاهرها[1].

وكتاب المغنى يشتمل على سبع عشر قصيدة، أهمها وأجملها القصيدة الأولى (هجرة) التـي يتحـدث فيها الشاعر عن هجرته الروحية إلى الشرق، متمنيا أن يرد ينبوع الخضر ليشرب منه حتى يعود له شبابه - كما قرأ عن ذلك في الروايات الإسلامية وبالأخص قصص الأنبياء التي وردت في القرآن الكريم - وقد اسـتلهم غوته ذلك تحديدا من بعض آيات سورة الكهف - مـن الآيـة ٥٩ إلى الآيـة ٨١ - إذ يقـول في بعـض أبيـات قصيدته هذه :

الشمال والغرب والجنوب تتحطم وتتناثر،
والعروش تشل والممالك تتزعزع وتضطرب،
فلنهاجر إذن إلى الشرق الطاهر الصافي،
كي تستروح جو الهواة والمرسلين،
هنالك، حيث الحب والشرب والغناء،
سيعيدك ينبوع الخضر شاب من جديد،
إلى هنالك حيث الطهر والحق والصفاء،

أود أن أقود الأجناس البشرية،
حتى أنفذ بها إلى أعماق الماضي السحيق،
حيث كانت تتلقى من لدن الرب،
وحي السماء بلغة الأرض،
دون تحطيم الرأس بالتفكير،
وفي يميني أن أدخل زمرة الرعاة،
وأن أجدد نشاطي في ظلال الواحات،
حين أرتحل في رفقة القافلة،
متجرا في الشيلان والبن والمسك،
وفي عزمي أن أسلك كل سبيل،
من البادية إلى الحضر، ومن الحضر إلى البادية[٢].

***

وقد سمي غوته هذا الكتاب في (تعليقاته) على الديوان أيضا باسم ((كتاب الشاعر)) ومن قصائد هذا الكتاب الأخرى (واهبات البركة، والخاطر الحر، طلاسم، نعم أربع، اعتراف، عناصر، الخلق والأحياء، ظاهرة، لطيفة، شقاق، الماضي في الحاضر، أغنية وصور، جرأة ثابت ماهر، الحياة الكلية، الحنين السعيد).

أما كتاب ((حافظ)) فهو يتكون من عشر قصائد، كرسها للشاعر حافظ الشيرازي الذي تأثر به غوته أشد التأثير، حتى سار على خطاه كثير من أشعاره، وعاداته وطبائعه وقصائد هذا الكتاب هي :

(لقب، شكوى، فتوى، الألماني يشكر، فتوى أخرى، غير محدود، محاكاة، سر ظاهر، نظرة، إلى حافظ).

وفي كتاب (العشق) الذي أعلن عنه غوته في (المجلة الشرقية) سنة ١٨١٦ تحت أشعار يستهل به الكتاب يقول فيه :

(أنبئيني ما الذي يهواه قلبي ؟ إنما قلبي لديك فاحفظيه) .

ويتكون الكتاب من قصائد عديدة هي: (نماذج، وزوج آخر، كتاب قراءة، أجل، لقد كانت العيون، متنبه، غارق، مقلق، حبيبي أواه، سلوى بائسة، راهن، تحية، تسليم، لا مناص، سر، أكبر سرا).

وكان عنوان هذا الكتاب بدءا (زليخا الأول)، ثم استبدل به هذا العنوان، وهو يتحدث فيه عن العشق عامة، ويخص بالذكر عشقه وتجربته الغرامية مع حبيبته مريانة فون فليمير، أما (كتاب التفكير) الذي أعلن عنه غوته في (المجلة الشرقية) سنة ١٨١٦، فقد قال عنه: (أن كتاب التفكير نوع من الأخلاق العملية وحكمة الحياة، وفقا لعادات الشرق وطباعه).

وتضمن هذا الكتاب خمسا وعشرين قصيدة هي:

(استمع إلى، خمسة أشياء، خمسة أخرى، ما أجمل، ما ورد في بند نامة، لست تدري، تحية، هم تغنوا بخطاياك، أن السوق ليغريك بالشراء، سعيت هباء، لا تسل من أي باب، جئت من أين، الواحد تلو الآخر، حذار من النسوان، إنما الدنيا، حياة المرء، تقول أن الأيام، ضع نفسك، الأجواد سيخدعون، من يستطع للأمر، إلى شاب

شجاع وأمثاله، النعمة العظمى، الفردوسي يقول، جلال الدين الرومي يقول، زليخا تقول)[٣].

يقول د. ب فيشر عن هذا الديوان: ((كان هذا الديوان الذي هو شهادة جميلة لتفهم الثقافة الإسلامية من جانب الغرب، جديرا بجواب من الشرق، وجاء جواب الشرق على هذا الديوان من قبل محمد إقبال الشاعر الباكستاني المشهور، حيث قدم في كتابه ((بيان شرق)) أو ((رسالة من الشرق)) سنة ١٩٢٣، جوابا عجيبا لعلامة الغرب غوته، وهذا استمرار لحوار طبيعي ومثمر بين الشرق الإسلامي والغرب الألماني يؤكد ما تضمنته أبيات غوته التي يقول فيها :

((من عرف نفسه والآخرين لابد أن يعلم حينئذ أن لا انفصام لعورة بين مغرب ومشرق))[٤].

ولم يزل فكر وأدب غوته يحظى باهتمام ومتابعة القراء في جميع أنحاء العالم، فهو يجمع بين ثنايا نتاجاته أنواعا مختلفة من الفنون والعلوم والآداب.

وفي ذلك يقول عميد الأدب العربي الدكتور طه حسين في رسالة بعث بها إلى زميله أحمد حسن الزيات لدى ترجمته لرائعته غوته ((آلام فرتر)):

((لقد وفق صديقنا الزيات إلى هذا كله حين نقل إلى اللغة العربية (آلام فرتر) للشاعر الفيلسوف (غوته)، وفق إلى حسن الاختيار، فما كان لشعب يجل نفسه ويريد أن يعد بين الأمم الحية أن يجهل شاعرا فيلسوفا كـ(غوته) قد أثر بنبوغه الفني والفلسفي في الحياة العملية والنفسية للعالم الحديث أشد تأثير))[٥].

ولقد أثر غوته في كتاباته كثير من الكتاب والشعراء في العالم، لعل من أشهرهم الكاتب الإنكليزي الشهير (كارليل) (Thomas Carlyl) (١٧٩٥-١٨٨١)، الذي يمجد الحكمة والخلق الرفيع واحترام الحق لدى غوته حين يقول:

((أرى فيه ما يتفق وتربيته الدينية الخلقية، فهو حكيم يدعو إلى التدين والخضوع لما يرفضه الخلق القويم، وداعية إلى العيش في ظلال الدعة والواجب القومي فليس (غوته) بالشاك ولا بالمجدف، ولكنه المعلم الذي يحترم الحق، إنه ليس هداما، بل بناء، وليس رجل فكر فحسب ولكنه حكيم))، ويروي الكاتب القصصي الإنكليزي (أدوارد بوبور ليستون) في مقدمة قصتين له ذاتي طابع خلقي عام ١٨٤٠: (فيما يخص الفكرة الأولى، فكرة التربية الخلقية، أو التعليم العملي، من اليسير أن يرى القارئ أنني مدين بها لقصة ((ويلهام ميستر)) Wilhem Meister لغوته، وبتأثير هذا التأويل كان يرى الشاعر الإنكليزي الغنائي تينسون Tennyson (١٨٠٦ - ١٨٩٢) في غوته مثال الحكيم الخلقي، ويقتبس في بعض أشعاره من حكمه)[٦].

هذا ويتميز أدب (غوته) بأنه نابع من معاناته وتجاربه الشخصية، فهو يعايش القضايا التي يكتب عنها بكل إشكالاتها وارهاصاتها لتكون بذلك وليدة لمعاناته ومجابهته وتصديه لها. لذا فهو يوصف بشاعر التجربة المعاشة أو شاعر الخبرة الحياتية المعاشة، إذ قلما عرفت الآداب العالمية، والأدب الألماني بنوع خاص، شاعرا وأديبا ترتبط أعماله وآثاره بتجربته الشخصية المعاشة هذا الارتباط الوثيق الذي نستشفه ويطالعنا بصورة بارزة في كتابات غوته ونتاجه الأدبي، فهو بمثابة

الشاعر التجريبي الذي يعيش الأشياء ويعانيها ويمر فيها شخصيا قبل أن يتسنى له التعبير عنها[٧].

الشمولية والعالمية في أدب غوته :

إن الأدب في نظر غوته هو والحياة توأمان، فلا مناص من الالتحام بينهما، والتفريط بأحدهما هو بمثابة التفريط بالآخر، فهو يقول بهذا الصدد: ((على الإنسان أن يكتب مثلما يحيا))[٨].

وتبدوا بوضوح التجربة الحقيقة المعاشة لغوته في كتاباته المختلفة، كذلك شموليته في طرح آراءه وتحليله لأشخاصه في رواياته المتعددة، فهو يطرق كل أبواب الحياة ليتحدث عنها، إنه حاضر في جميع الأزمنة والأماكن ليتناولها شعرا ونثرا وكتابة، وهو بذلك يمكن أن يطلق عليه (الشاعر الشمولي)، وفي ذلك يقول الكاتب الألماني (جابكن هيبر) وهو يتحدث عن غوته في ذكرى ميلاده، الـ(٢٥٠) في مقالة له تحت عنوان (الذكرى السنوية الـ(٢٥٠) لميلاد عبقري الأدب الألماني يوهان فولفانغ غوته: ((إن ما يميز غوته هو الاتحاد الملهم بين الأدب والحياة وفي اللغة الألمانية لا يوجد شاعرا سواه يصف الحياة في كل زواياها وصورها، وبنفس الوقت هو مثال لكل مراحل الوجود الإنساني))[٩].

كذلك فإن أدب غوته لم تقتصر شهرته على ألمانيا فحسب بل امتد إلى كافة أرجاء العالم وهو يبحث في مختلف الاتجاهات الأدبية والعلمية والفلسفية، وقد تلقتها الأجيال التي عاصرتها أو التي جاءت بعد وفاته كإرث لا يقدر بثمن[١٠]. وفي ذلك يضيف الكاتب الألماني (جابكن هير): ((يصنف (غوته) بالنسبة للتأريخ الأوربي

الألماني كشخصية مكتملة، وبالأحرى فهو الشخصية الأخيرة من نوعها هذا، إنه المؤلف الوحيد الذي ورث الأجيال إنجازات عظيمة لا تقارن في كل فروع الأدب من ملاحم، ونثر، وشعر، وهو ككاتب أصيل يعتبر موسوعة للوجود الإنساني))[١١].

لذا فإن (غوته) قد بلغ العالمية -دون شك- من خلال كتاباته التي لاقت رواجا كبيرا في أوروبا بصورة خاصة، وكان مفتاحها في الذيوع والانتشار رائعته الشهيرة (آلام فارتو) التي جسد فيها تجربته ومعاناته الشخصية على نحو ما بيناه آنفا، وفي ذلك قول عميد الأدب العربي الدكتور طه حسين في مقدمته لترجمة أحمد حسن الزيات لتلك الرواية: (ليست آلام فرتر) قصة منتحلة أو بناء متكلفا استعيرت أجزاؤه المختلفة من الخارج، إنما هي قصة ما أصاب (غوته) نفسه إبان شبابه. ومن هنا برئ الكتاب مما يشوه غيره من الكذب والاختراع وما كان لهذا الكتاب أن يجهل وقد عرفه الناس جميعا في أوربا فأحبوه وكلفوا به[١٢].

والعالمية التي بلغها (غوته) في أدبه، المقصود بها هنا، هي خروج أدبه من لغته وموطنه الأصليين، إلى لغات ودول أخرى، وهذا يختلف عما قصده غوته في سعيه لإقامة أدب عالمي حيث سبق لغوته أن أثار قضية الأدب العالمي Weliterature وتخيل أن الآداب المختلفة ستتجمع كلها في أدب واحد كبير تقوم فيه الشعوب بدور الروافد التي تصب إنتاجها في هذا النهر الكبير وهو الأدب العالمي[١٣].

ولكن (غوته) نجده فيما بعد تخلي عن فكرته التي أراد فيها أن يجمع عظماء المؤلفين في الآداب العالمية المختلفة تحت مظلة ومفهوم الأدب العالمي، الذي كان

يسعى هو بنفسه لقيادته وزعامته، فهو متبنيه: ((لقد كان غوته مهتما بإقامة وجود ثقافة عالية أكثر من إقامة أسلوب للبحث الأدبي))[١٤].

ويعود سبب تخلي غوته عن فكرته وطموحه هذا، إلى إيمانه فيما بعد، بأن لكل شعب ثقافته وأسلوبه في التعبير عن الحاجات العميقة لظهور أدبه والمستمد من واقعه المحلي وبيئته المحيطة به التي تميزه عن غيره من الشعوب الأخرى، لذا نجد أن غوته يؤكد أن ليس بالإمكان إدراك أثر أدبي بواسطة محيطه القومي: إن من يريد فهم الشاعر عليه أن يذهب إلى بلد الشاعر، وبذلك ينفي غوته وجود نتاجات أدبية خارج إطارها الوطني، ويؤكد ذلك أحد المهتمين الألمان بدراسة الأدب المقارن وهو السيد (هولرد) في مقالة له نشرت في مجلة الأدب المقارن سنة ١٩٥٣م، والتي يقول فيها: ((أن غوته في جميع مؤلفاته التي يعالج فيها هذه المسألة يؤكد على حدث، هو أن ليس هناك آداب خارج الثقافات الوطنية، وأن كل أدب ينبغي أن يوضع ضمن الوطن الذي نشأ فيه))[١٥].

وغوته في شموليته المعهودة من خلال تناوله لجميع ألوان الآداب والفنون والمعارف نجده قد عاصر المذهبين الكلاسيكي والرومانتيكي فكتب في كليهما، حيث كانت الكلاسيكية سائدة في بدايات حياته الأدبية، والتي ما لبثت أن توارت أمام الرومانتيكية القادمة بكل عنفوانها لتجتاح أوروبا، وقد سبقت ألمانيا وانكلترا غيرها من الدول الأوربية آنذاك في دخول الرومانتيكية إليها، وفي هذا الخصوص يقول الدكتور علي جواد الطاهر في تحديده لفترة ظهور الرومانتيكية في أوروبا: وإذا كانت فرنسا في مرحلة التمهيد وما قبل الرومانتيكية فإن ألمانيا وانكلترا قد

تقدمتا كثيرا ودخلتا عهد الرومانتيكية الحقيقة، ففي أخريات القرن الثامن عشر ـ هب الشباب في ألمانيا يهاجمون التيارات القديمة(١٦).

وهكذا نجد أن كتابات غوته قد تركت بصماتها حتى يومنا هذا، في المذهبين الكلاسيكي والرومانتيكي، وتميزت بجدارة في كليهما، لذا فإن المستشرق الألماني الدكتور ب. فايشر يقول في غوته: ((كان ولا يزال غوته حتى اليوم أمير الشعراء الألمان في الأدب الألماني الكلاسيكي والرومانتيكي))(١٧).

وتعتبر انتقالة غوته من المذهب الكلاسيكي إلى المذهب الرومانتيكي في الكتابة مواكبة لمجريات عصره التي كانت تمر بها أوربا عامة، مما خلق لديه أدبا جديدا وجهته نحو الشرق.

ويعد هذا السبب أحد أسباب كثيرة أخرى سنأتي على سردها من خلال دراسة وبحث توجه غوته نحو الآداب الشرقية، وقد عاصر غوته المذهب الكلاسيكي خلال سنوات حياته لما يزيد على أربعة عقود، وقد شهد تقابل المذهبين قبيل موت الكلاسيكية في صراع قوي اشتركت فيه أعلام كتاب أوروبا جميعا وقد كتب (A. de Gustine) إلى أمة عام ١٨١٤م يقول: ((إن ما اخترعه الألمان منذ بضع سنين من لقبي الكلاسيكيين والرومانتيكيين أصبح يميز حزبين يقتسمان السلطان على الجنس الإنساني كله))(١٨).

وقد كان غوته أحد هؤلاء الأعلام والكتاب الذين نفروا من المذهب الكلاسيكي المعتمد على العقل والواقعية المحضة المجردة من الخيال والعاطفة، التي بدأ ينشرها ويصبو إليها أدباء تلك الحقبة للهروب من الواقع المأساوي الذي كانوا يعيشونه، فبدؤوا في ألمانيا وفرنسا وغيرها من دول أوروبا يتجهون نحو

الرومانتيكية، (وكان ويلهم شليجل) (A. W. Schegel)، أول من بدأ بمعارضة الرومانتيكية بالكلاسيكية على أنها اتجاه جديد في الأدب[19]. وكانت تلك الفترة من أهم الفترات في تاريخ أوروبا، حيث يقول الدكتور ب. فايشر: ((ولا يخفى عليكم أن الفترة الرومانتيكية هي من أهم الفترات في تاريخ الأدب الألماني))[20].

وتجدر الإشارة هنا إلى أن الشاعر، كان في فترة من فترات حياته، داعية للأدب العالمي، مناشدا الأدباء في العالم كافة إلى تجاوز الحدود الإقليمية لبلدانهم والسعي لجعل الآداب تتجاوز حدودها الضيقة للتوجه نحو العالمية، يصف (بول فان تيكن) "عالمية الأدب الزي يوطد غوته أركانها، وهو يعده رائدها الأول، فيقول: إن صورة الأدب العالمي تبدأ متجاوزة الحدود اللغوية وحدود الفرد نفسها، وهذا الأدب الذي صار غوته له في شيخوخته نبيا[21].

واهتمام غوته بعالمية الأدب قد أثمر عن توجهه نحو الشرق الإسلامي بصورة خاصة لذا نجده يستهل ديوانه الخالد ((الديوان الشرقي الغربي)) بقصيدة سمها "هجرة" تعبيرا منه عن هجرته الروحية من الغرب إلى الشرق.

يصف هذه القصيدة الكاتب الألماني بيتر بورنر(Vonpeter Boerner) قائلا: ((ولا غرو فإن القصيدة التي يستهل بها ديوانه تحمل عنوانه "الهجرة" حيث يريد الفرار من الشمال والغرب والجنوب متجها صوب الشرق باحثا عن "عين الحياة" أو ينبوع الخضر الذي من شأنه أن يعيده شابا من جديد))[22].

وهذه أبيات من تلك القصيدة التي تحمل تأريخ فيمار ١٨١٤/١٢/٢٤ :

الشمال والغرب والجنوب تتحطم وتتناثر

والعروش تشل، والممالك تتزعزع وتضطرب
فلنهاجر إذن إلى الشرق الطاهر الصافي
كي نستروح جو الهداة والمرسلين
إلى هناك حيث الظهر والحق والصفاء
هناك سيعيدك ينبوع الخضر شابا من جديد
أود أن أقود الأجناس البشرية
حتى أنفذ بها إلى أعماق الماضي السحيق
حين كانت تتلقى من لدن الرب
وحي السماء بلغة الأرض
دون تحطيم الرأس بالتفكير[٢٣]

ويبدو غوته في هذه القصيدة متأثرا بما ورد في سورة الكهف التي تروي قصة الخضر صاحب موسى (عيلهما السلام) في آياتها من (٥٩ إلى ٨١) في فترة كان يحكم فيها ذو القرنين، وتذكر تلك القصيدة، أن من يرد (عين الحياة) فيشرب من مائها يتجدد شبابه، وغوته يصور نفسه هذا التصور من خلال هجرته الروحية نحو الشرق.

هوامش الفصل الثاني

١- جيته، الديوان الشرقي للمؤلف الغربي، الروائع المائة، ترجمة :عبد الرحمن بدوي، القاهرة، ١٩٤٤، ص ١٢-١٣ .

٢- نفس المصدر، ص ٦٧-٦٨ .

٣- نفس المصدر، ص ١١٠ وما بعدها .

* د. ب. فيشر :مستشرق ألماني معاصر مهتم بالدراسات الشرقية لا سيما العربية والإسبانية.

٤- د. ب فيشر، الشرق في مرآة الغرب، دار سرس، تونس، ١٩٨٣، ص ٧٢—٧٣ .

٥- جيته، آلام فرتر، ترجمة :أحمد حسن الزيات، دار القلم، بيروت، ط١، ١٩٨٠، ص١١ .

٦- الدكتور محمد غنيمي هلال، دور الأدب المقارن في توجيه دراسات الأدب العربي المعاصر، القاهرة، ١٩٥٦، ص ٢٢ .

٧- نفس المصدر، ص ٢٣ .

٨- بيتر بورتر، غوته، ترجمة :د.أسعد رزوق، بيروت، ١٩٧٥، ص٥ .

٩- Dutschland, Magazine, Francfurt, 1999, P.52.

١٠-نفس المصدر السابق، ص ٥٦ .

١١-نفس المصدر السابق، ص ٥٥ .

١٢-جيته، آلام فرتر، مصدر سابق، ص ١٣ .

١٣-د. طه ندا، الأدب المقارن، بيروت، ١٩٧٥، ص ٣١ .

١٤-عبد المطلب صالح، مباحث في الأدب المقارن، بغداد، ١٩٨٧، ص١٤٢.

١٥-نفس المصدر، ص ١٤٤ .

١٦-د. علي جواد الطاهر، الخلاصة في مذاهب الأدب الغربي، بغداد، ١٩٨٣، ص ١٩ .

١٧-د. ب. فايشر، المصدر السابق، ص ٧٠ .

١٨-د. محمد غنيمي هلال، الرومانتيكية، بيروت، ط٦، ١٩٨١ ص١٢ .

١٩-المصدر السابق، ص٦ .

- بول فان تيكن: أستاذ سابق في جامعة السوربون بباريس / متخصص بالأدب المقارن.

٢٠-د. ب. فايشر، المصدر السابق، ص٦٥ .

٢١-عبد المطلب صالح، المصدر السابق، ص ١٣٧ .

٢٢-بيتر بورنر، المصدر السابق، ص٧ .

٢٣-جيته، الديوان الشرقي للمؤلف الغربي، سلسلة الروائع المائة، مصدر سابق، ص١٤.

الفصل الثالث

أثر الشـــــرق

في

أدب غوتــــه

## تمهيد

لاشك إن تأثير الشرق في أدب غوته كان عميقا لاسيما الشرق العربي بأدبه وشعره، وعلى وجه التحديد المعلقات السبع التي اهتم غوته بها اهتماما كبيرا، فضلا عن إعجابه وتأثره الشديدين بحياة الشرق البسيطة البعيدة عن جعجعة السلاح ودوي المدافع التي كانت تسود الغرب آنذاك، ومن بينها ألمانيا (بلد غوته).

وقد أثرت الآداب الفارسية القديمة في أدبه كذلك، فقرأ عنها الكثير وعمل على محاكاتها في قصائده. لذا فإن هذا الفصل سنقسمه إلى ثلاث مباحث، أولها: نتطرق فيه إلى وجهة غوته نحو الشرق عامة، وثانيها: نتحدث فيه عن الأثر العربي في أدبه أما الأخير فسنتناول فيه أثر الآداب الفارسية والهندية في أدبه وشعره.

## المبحث الأول

### وجهة غوته نحو الشرق

لقد كان توجه غوته نحو الشرق مبكرا، وذلك من خلال قراءته للكتاب المقدس ودراسته للعبرية ثم اتجاهه إلى قراءة القرآن الكريم مترجما عن الألمانية وعن اللاتينية، كذلك دراسته للأدب العربي وبخاصة الشعر الجاهلي والمعلقات في ترجمتها الانكليزية التي قام بها (وليم جونز)، ثم توجهه لدراسة الآداب الهندية والفارسية، ولقد تأثر غوته بالشرق من خلال ما قرأه من تراجم أهمها التي قام بها (والف هامر بروكستل) وبالذات ترجمته اللامعة لديوان حافظ الشيرازي أمير شعراء بلاد فارس، وكانت هذه الترجمة نقطة اهتمام الشاعر (غوته) بالشرق الإسلامي[١].

وكان لقاء غوته الفكري مع الشاعر حافظ لقاء مثمرا خصبا، دفع بغوته إلى محاكاة هـذه القصائد (الشرقية) وإلى مبارزة حافظ شعريا، وعن بدايات تأثره بالشرق تقول (كاتارينا مومزن) الأستاذة في الأدب الألماني: ((كان لألف ليلة وليلة أعمق الأثر على غوته، الذي استمع إلى هذه الحكايات وهو يعد طفلا، بـل كان يقرأ في سنواته الأخيرة في هذا الكتاب بشغف عظيم، حاكى غوته، وكما ذكر هـو نفسه، أسلوب ألـف ليلة وليلة في بعض أعماله مثل (سنوات تجوال فيلهلم مايستر))[(٢)].

لقد كان من أبرز الأسباب التي دفعت غوته بالهجرة إلى الشرق هي الأحداث التاريخيـة التـي بـدأت باجتياح نابليون للبلاد الألمانية عام ١٨٠٦، وانهيار بروسيا عسكريا، فقـد سببت هـذه الأحداث السياسية العاصفة قلقا بالغا لدى الشاعر الألماني، دفعت به للهرب بعيدا، هذا ما كتبه غوته نفسه إلى أحد أصدقائه بتاريخ ١٨١٢/١١/١٠، يخبره أنه بدأ يصرف اهتمامه إلى الصين، رغبة منه في التواجد الفكري في مكان آخر، ووصف غوته أثر ذلك التغيير في نفسه بأنه (بلسم شاف) إلا أن غوته لم يقصر ـ اهتمامه عـلى الصـين فحسب، وإنما اهتم أيضا وبصفة خاصة، بالشعرين الفارسي والعربي.

هذا وتأثر (غوته) بأعمال (هامر) وأراد أن يخطو خطاه في ذلك، فقد بدأ (غوته) بكتابة مسرحية عن شخصية الرسول محمد صلى الله عليه وسلم نظم جزءا منها ولكن مشروعه لم يتم، وهو بذلك يبـدو متأثرا بالدراما التي كتبها (هامر) عن سيرة النبي الكريم محمد صلى الله عليه وسلم سائرا على منهجه، وقد كـان في (فيينا) آنذاك مستشرق كبير

يشتغل في التنقيب والبحث عن كنوز الشرق ويقدمها للأوربيين في اللغة الألمانية، هذا المستشرق هو (يوسف فون همر)، كذلك فقد سبقه من المستشرقين الألمان، سيمون فويل (Weil) الذي ترجم أطواق الذهب للزمخشري وألف ليلة وليلة وسيرة النبي لابن هشام وسيرة النبي صلى الله عليه وسلم لابن إسحاق[٣]. وغيرها من الكتب الإسلامية والعربية التي مهدت للكتاب والباحثين الألمان الاطلاع على التراث الإسلامي العربي في تلك الفترة التي بدأ فيها الغرب يتوجه نحو الآداب الشرقية.

وقد نشطت حركة الاستشراق في تلك الفترة نشاطا ملحوظا لما لذلك من ارتباط وثيق بالتوجه الاستعماري الأوربي نحو الشرق، فبرزت الكتابات الاستشراقية في شتى الميادين، تاريخية، اجتماعية، دينية وأدبية، وغيرها.

ولقد أبدى المثقفون المسلمون اهتماما كبيرا للتفهم الذي وجد عند المثقفين في ألمانيا، وقد أبدى المثقفون الألمان للحضارة الإسلامية ذات التفهم منذ أكثر من ثلاثة قرون ومثل هذا التفهم للثقافة الإسلامية من طرف الألمان يعد فريدا من نوعه بين المثقفين في العالم، ونجد عند غوته هذا التفهم الشامل لقيم الإسلام الجوهرية إذ يقول في ديوانه مثلا: ((من الجنون أن يفرض كل إنسان في كل حالة رأيه ويمجده))[٤].

وقد أثرت كذلك على وجهة غوته نحو الشرق ودفعته للتوجه الروحي نحوه، مؤثرات أخرى أهمها العوامل السياسية في أوروبا وخاصة الحروب في القرن التاسع عشر- التي نشرت الاضطراب وزعزعت الاستقرار فاتجه غوته بروحه

وفكره نحو الطمأنينة والسلام اللذان كانا يسودان الشرق آنذاك بعيدا عن الحروب والدمار.

ولقد نضجت في ذهن غوته فكرة التوجه نحو الشرق بعد أن توفرت الأسباب التي ذكرناها قبل قليل، مع بدايات عام ١٨١٤م، فعندما كان غوته يعمل كمستشار أعلى لدوقية ساكس فيمار، وبالتحديد عام ١٨١٤م، مر بمدينة فيمار -جنود من البشكير- وهي مقاطعة في الجنوب الشرقي من روسيا وأهلها مسلمون، وهناك في إحدى قاعات المدرسة البروتستانتية في فيمار أقاموا صلاة شهدها (غوته)، فأثرت في نفسه كل التأثير، وأعادت صورة هؤلاء الجنود المسلمين النازحين في خيال (غوته) صورة تيمورلنك بجنوده الأقوياء، وبدأ يحيا في نفسه حياة الشرق[٥].

كل تلك العوامل أحيت في نفس غوته حب الشرق، وألزمته بالتوجه نحوه، إضافة إلى حركة الترجمة المحمومة من الشرق العربي الإسلامي ومن الهند والصين ونشاط حركة الاستشراق وكثرة المجلات والبحوث كذلك دور الحركة الرومانتيكية التي كانت سائدة في عصره والتي دفعت بشعرائها إلى البحث عن الأجواء البعيدة عن العزلة والبحث عن الجديد والغريب والطريف[٦].

ويعد عام ١٨١٤ نقطة البدء لانطلاق (غوته) نحو الشرق بسبب الأحداث الحربية التي حدثت فيه، فقد هوى نجم نابليون الذي غزا لسنوات طويلة بحروبه المدمرة أجزاء كبيرة من أوروبا والعالم، وكانت ألمانيا في بداية تلك الدول التي هزمته في أواخر عام ١٨١٣، كان غوته شديد الإعجاب بنابليون وقد شهد نهايته

في موقعه وأترلو الشهيرة، فتأثر لذلك كثيرا، وكان جيته آنذاك يعاني حالة نفسية عنيفة، وصفها هو نفسه بهذا الوصف حيث قال: ((شعرت شعورا عميقا بوجوب الفرار من عالم الواقع المليء بالأخطار التي تهدد من كل جانب في السر وفي العلانية، لكي أحيا في عالم خيالي مثالي، أنعم فيه بما شئت من الملاذ والأحلام بالقدر الذي تحتله قواي[٧].

هذا ولا يفوتنا أن نذكر بأن الحركة الرومانتيكية قد ساعدت غوته في وجهته نحو الشرق بعد أن أرخت بسدولها على واقع الكلاسيكية التي كانت متقوقعة في مواطنها الأصلية لا تبارحها، بعد أن دكت قلاعها الحصينة على أيدي أدباء وفلاسفة من دعاة التجديد فأطلقوا لأفكارهم وخيالاتهم العنان وانطلقوا نحو بقاع العالم عامة والشرق بصورة خاصة، الذي اتجه إليه غوته بعاطفة جياشة وفكر مفعم بالخيال، فهاجر هجرته الروحية التي يتحدث عنها الدكتور عبد الرحمن بدوي قائلا: ((إن ظاهرة الاغتراب الروحي -وهي الحالة الوجدانية العنيفة القوية التي يشعر الأديب فيها أو صاحب الفن بحاجة ملحة إلى الفرار من البيئة التي يعيش فيها إلى بيئة أخرى جديدة- وقد تجلت في أتم صورها عند أصحاب النزعة الرومانتيكية في مستهل القرن التاسع عشر وخاصة الألمان والفرنسيين، وبدت أول ما بدت عند الشعراء والكتاب، وكانت البيئة الجديدة التي هاجر إليها هؤلاء واغتربوا فيها بأرواحهم وخيالهم، الشرق القاصي منه والقريب))[٨].

لذا نجد أن غوته ارتحل من الغرب المضطرب والمليء بالحروب والنزاعات إلى الشرق الهادئ، الصافي، النقي، الذي كان لم يزل يحمل بذور الفطرة الإنسانية بمعانيها السامية والتي ينشدها أدباء الغرب ومثقفيه، لذا فإن غوته يصف هذه الرحلة بالهجرة، وهو عنوان قصيدته (هجرة) التي نظمها عام ١٨١٤م، التي يدعو فيها إلى الهجرة نحو الشرق الطاهر الصافي حيث ظهر الهداة والأنبياء والرسل، وقد استهل فيها أول ديوانه ((الديوان الشرقي الغربي)) والمسمى (مغنى نامه) كما سماه (غوته) في تسمية فارسية أي (كتاب المغنى)، مقلدا بذلك شاعره المفضل (حافظ الشيرازي) الذي أطلق اسمه على أحد كتب ذلك الديوان، وفي تلك القصيدة يقول غوته :

الشمال والغرب والجنوب تتحطم وتتناثر

والعروش تنل. والممالك تتزعزع وتضطرب

فلنهاجر إذا إلى الشرق في طهره وصفائه

كي نستروح جو الهداة والمرسلين[٩١]

لقد تميزت بلاد الشرق بحضاراتها العريقة التي خلقت عبر العصور تراثا أدبيا تأثر به الغرب لأول وهلة التقاء به، فوجد فيه الغربيون نافذة مضيئة على آداب جديدة لم يألفوها من قبل، فانهمكوا في التفتيش عن كنوزها وروائعها الأدبية فوجدوا فيها ينبوعا صافيا لا ينضب في شتى أنواع العلوم والمعارف .

يتحدث عن ذلك الدكتور داود سلوم في بحثه الموسوم ((الأثر العربي والإسلامي في كتاب الديوان الشرقي للمؤلف الغربي)) للشاعر الألماني غوته قائلا:

(إن الجو الأدبي الذي كان سائدا في أوروبا كان قد اكتشف في الشرق وكنوزه الأدبية ينبوعا جديدا في فكر يختلف عما ورثته أوروبا عن الحضارة الهيلينية، والرومانية وكأن قراءة أدب الشرق تنقل الغربي ابن الحضارة المتعبة والحروب والمآسي إلى عالم رومانتيكي يبعد به عن الحياة اليومية))[١٠].

لقد كان الشرق بعيدا عن أنظار الغرب في تلك الفترة الزمنية، فاتجه إليه كتابهم وشعراءهم وغاصوا في مجاهله واغترفوا من كنوزه واهتموا بذخائره التراثية، فوجدوا فيه ذلك العالم الرحب الذي لا يتوقف عن إمداد أفكارهم ومخيلاتهم بكل ما هو ممتع وجميل، يستوحون منه ابداعاتهم الأدبية وقد ارتحلوا إلى الشرق في رحلات حقيقة وأخرى خيالية، طامعين في الخلاص من واقعهم المتردي آنذاك والذي كان أسير الكلاسيكية المكبلة لأحاسيسهم ومشاعرهم، فانجرفوا في الموجة الاستشراقية .

وفي النهضة الأوربية الحديثة، وبعد نشوء الاستشراق والتأليف في تاريخ العرب وترجمة القرآن والحديث والسفر القصصي، بدأ تأثير آخر في الشعراء الأوربيين، وقد ساعد السياح على نقل كثير من الانطباعات والأوهام عن الشرق وآثار هذا خيال الشعراء وألهبه، فقد عمد بعض الشعراء على الرحلة الفكرية إلى الشرق في أشعارهم بعد أن استقوا من معين التراث الشرقي العربي الإسلامي والهندي[١٢].

ويبين غوته بأن الغرب تأثر كثيرا بالآداب والعلوم الشرقية منذ زمن بعيد لذا فهو يحث القراء لدراسة هذا العالم الخصب المليء بكنوز المعرفة والإبداع ويؤكد على ضرورة التعميق في اكتساب تلك المعارف وحل الألغاز والغور في الأعماق لاكتشاف كل ما هو غامض ومجهول عن أذهان الغرب، للتعرف على صورته الحقيقة والاغتراف من مناهله الوفيرة، فهو يقول في باب التعليقات ضمن الديوان الشرقي الغربي: في الوقت الذي فيه تثرى لغتنا بالكثير مما استعرناه من الشرق فإنه من المناسب من ناحيتنا أن نسعى لتوجيه الانتباه إلى عالم وصلتنا منه منذ آلاف السنين أشياء كثيرة وعظيمة وجميلة وخيرة ونأمل كل يوم أن نظفر منه بالمزيد(١٢).

وفي هذا الصدد يقول الدكتور ب. فايشر المستشرق الألماني المشهور: ((تحتوي كل الأنواع في الأدب الألماني على النمط الشرقي، لذي دعت له حالة الثقافة الأوروبية في ذلك العهد الرومانتيكي، الذي اجتذب الأدباء إلى الشرق))(١٣).

ويدعو غوته كذلك في ديوانه آنف الذكر بالحث على الاستشراق وتعلم اللغات الشرقية لغرض قراءة آدابها الرائعة بلغاتها الأصلية للاستعانة على فهمها فهما دقيقا والتزود منهما بكنوز الأدب وغيره من المعارف الشرقية الأصلية، وهذا يبدو واضحا من خلال مقولته ((وإذا شئنا أن نأخذ بحظنا من إنتاج هؤلاء العباقرة الممتازين فينبغي علينا نحن أن نستشرق وليس على الشرق أن يأتي هو إلينا ومن ذا الذي لا يود أن يطلع على هذه الكنوز في مصدرها الأصلي؟))(١٤).

لقد كانت بدايات القرن التاسع عشر نقلة نوعية في مسار الآداب العالمية تحررت فيه من القيود الداخلية التي كانت تكبلها وتميزها بالطابع المحلي المحدود، فغدت العالمية تضفي سماتها على هذه الآداب فتزاوجت الفنون والآداب العالمية وتزاوجت كما هو حال أدباؤها الذين في غالبيتهم قاموا برحلات إلى الشرق (بشكل خاص)، فاستلهموا من تراثه وطبيعته البسيطة كل ما ظهر في كتاباتهم من إبداع فني رفيع تميزت به تلك الفترة الزمنية (أي ما بعد الكلاسيكية، وظهور الرومانتيكية).

يقول الاستاذ العلامة (بيير مورمز) أستاذ الأدب الفرنسي في السوربون ((إن القرن التاسع عشر- هو عصر التاريخ))، هذا القرن -في رأينا- كان ملتقى عديد من العلوم والمعارف والثقافات العالمية .كان مجالا للصلات بين الجمعية الآسيوية -الفرنسية ونظيراتها في (كلكتا) و(لندن)، كما كان وسطا للصداقات الأدبية بين (لامارتين) وغوته وبين (كارلايل) وغوته الخ))[١٥].

إن الشيء الذي سحر غوته كان الخط العربي، ففي مذكراته عن عام ١٨١٧ يتحدث عن محاولاته الدؤوبه لتعلم الخط (الشرقي) حتى يستطيع تجاوز العائق اللغوي، ويقترب أكثر من روح اللغة، لذلك أحضر غوته بعض المخطوطات الشرقية وأخذ يحاكي المكتوب أمامه، يقول في الفصل ذاته إن القارئ الألمعي سوف يفطن إلى أثر هذا الجهد الذهني اليدوي إذا تأمل قليلا في أشعار الديوان ولكن ما الذي يعنيه غوته بكلمة (شرقي)؟ من المؤكد أنه كان يعني اللغة العربية لا

سواها، إذ اكتشفت بعد وفاته المخطوطات التي حوت تمارينه في الخط العربي ومنها محاكاته لآيات من القرآن الكريم، وهو ما يظهر حبه لهذه اللغة، وكذلك إصراره على الكتابة بهذا الخط الذي يصعب على الأوربيين تعلمه، ومن ير ما خطه غوته بالعربية لا يملك سوى الإعجاب الشديد بمهارته في النسخ والمحاكاة[١٦].

مما تقدم نجد أن (غوته) في وجهته إلى الشرق أراد التخلص من حالات اليأس والملل التي كانت تسود واقع الآداب الغربية آنذاك، وهي التي تأثرت كثيرا بالكلاسيكية المقيتة المستمدة من الآداب اليونانية التي كان يشوبها التعقيد ويكتنفها الغموض في وصفها المستمر للصراع بين الآلهة والمكائد والمؤامرات التي فيما بينها، فهي سليلة الحضارة الهليلينية التي هجرها (غوته) وأعوانه من أدباء الرومانتيكية.

وقد كان غوته من جمعية الكتاب الألمان الذين أطلقوا على أنفسهم اسم شتون أنددرانج ( Sturn Und Drang) أي (العاصفة والانطلاق)، ومن أكبر من ساهموا فيها هردر (Herder) وشيلر (Schiller) الذين اتجهوا في أدبهم اتجاها رومانتيكيا وكانوا هم صورة مصغرة للحركة الرومانتيكية الألمانية فيما بعد[١٧]. هؤلاء الكتاب الذين كان غوته في مقدمتهم سعوا إلى التخلص من السكون والجمود الذي كان يسود واقعهم الأدبي والممتد في كافة أرجاء أوروبا وتبدو نزعتهم التجديدية واضحة من خلال تسمية (العاصفة والانطلاق) التي أطلقوها على جمعيتهم، فلم يعد بإمكانهم

البقاء تحت أي تنظيم أدبي أو اجتماعي أو غيره، يحدد حركتهم وتطلعاتهم وخيالاتهم الوهاجة، لقد كانوا في ثورة ضد أي مذهب منتظم، ففي اندفاعهم العارم للتخلص من قيود الماضي رفضوا جميع مظاهر الوضع الراهن. كل ما كان يهمهم في الحياة كما في الفن هو النبوغ الأصيل الخلاق لدى الفرد الذي يجب أن يكون حرا للتعبير عن خبرته الشخصية تلقائيا، ولا غرابة إذن أن (العاصفة والانطلاق) قد عرفت بتسمية بديلة هي (عصر النبوغ)[١٨].

ويبدوا واضحا أن هذه الجمعية التي كانت تضم مجوعة من الأدباء الرومانتيكيين قد ألهمتهم الرومانتيكية روح التأهب للانقضاض على عوامل الجمود والسكون التي كانت تسود العصر آنذاك، وفي مقدمة هؤلاء (غوته)، حيث كان رومانتيكيا، وهذا الحب الرومانتيكي هو الذي أوحى له القوة العقلية اللازمة لتأليف مؤلفاته عن الشرق، أي الشرق الإسلامي فقط[١٩].

إن هذه الرومانتيكية التي هبت بريحها نحو آداب الشرق، قد أضافت للآداب الغربية نكهة الشرق وعذوبة وجمال أدبه، وزادت أواصر الصلة بين الشرق و الغرب قوة، وبنت جسور الثقة والتفاهم بينهما، في ذلك يقول (غوته): (من عرف نفسه والآخرين لابد أن يعلم حينئذ أن لا انفصام لعروة بين الغرب والشرق)[٢٠].

ولم يقتصر تأثر غوته بالشرق العربي حسب، بل تأثر بآداب بلاد فارس وآداب الشرق الأقصى لذا سنتناولها بشيء من التفصيل في مبحث لاحق.

المبحث الثاني

الأثر العربي في أدب غوته

لقد قرأ غوته في بواكير حياته الأدبية القرآن الكريم بترجمة لاتينية وأخرى لمانية، كذلك قرأ عن الشعر الجاهلي وبالذات (المعلقات) التي ترجمتها إلى لانكليزية (وليم جونز). حيث كان غوته قد اتصل بجامعة جوتنجن عام ١٧٨٣، كي ترسل له نسخة من ترجمة المعلقات باللغة الانكليزية، وقد تمكن من العربية حتى استطاع قراءتها بمساعدة المعجم.

في حين أغنت الحركة الاستشراقية آنذاك أفكار وأحاسيس عدد الكبير من الكتاب والشعراء، بكل ما هو جديد وممتع عن مؤلفات الشرق العربي وبخاصة أمهات الكتب العربية، التي وجدت لها صدى كبيرا بين الغربيين، فقد فتحت لهم نافذة جديدة نحو آداب لم يكونوا على اطلاع بها من قبل، وفي ذلك يقول د. محمد عوض محمد في كتابه ((ثقافة الشرق والغرب)) ((فإذا استفاد "سونيبرن Swinburne" من الأدب الفرنسي، وكارليل Galyle من الأدب الألماني، فإن غوته أشهر شعراء ألمانيا تأثرا بالأدب العربي والفكر الإسلامي، كما هو تأثر جوسر وتنسون وشكسبير بالشعر العربي وخياله))[٢١].

لذا فإن غوته فضلا عن تأثره بالمعلقات، تأثر كذلك بترجمات "ألف ليلة وليلة" فوجد فيها سحر الشرق العربي الجميل الذي تمتد جذوره إلى أعماق الحضارات القديمة والعريقة، وأثرت فيه كذلك ترجمات لروائع أدبية شعرية عربية مختلفة،

جذبته نحو الأدب العربي ليبحث في حناياه وبين ثناياه ما كان ينشده من شعر أصيل، حرك فيه الأحاسيس، وحفز عنده روح التأمل، ليكتب برومانسية مرهفة كل جديد وممتع من شعر ونثر، ومن الذين تأثر غوته بتراجمهم، لعنايتهم باللغة العربية، وتأثرهم بها: الشاعر الألماني "فريدريك روكيرت" الذي ترجم كثيرا من الأدب العربي إلى اللغة الألمانية، وهو الذي درس اللغة العربية وآدابها، وكان شديد الإعجاب بها، لذلك تغنى بالعرب وأحس في داخل نفسه لكثرة ما قرأ وما ترجم بأنه عربي من الصحراء بدوي في حبه ومثله، فقد ترك عادات الغرب وحياتهم إلى صحراء العرب ومثلهم، وإلى الشرق وعاداته، وكان له فضل كبير على الأدب الألماني بما ترجمه إلى الألمانية "كالمعلقات وديوان الحماسة لأبي تمام" بصورة مفصلة وقد ترجم "مقامات الحريري وكان لجمال أسلوبه وشاعريته الفذة، وفهمه للشعر العربي أن عد من رواد الأدب الألماني الذي أثرت ترجماتهم في هذا الأدب"[٢٢].

وقد وجد غوته في الشعر العربي العودة إلى الحياة الفطرية في طبيعتها الساحرة، حيث السماء الصافية بنجومها المتلألئة فوق أديم الصحراء المترامية الأطراف ووجد فيه بساطة العربي في حله وترحاله، في ملبسه ومأكله، ووجد في الشعر العربي كذلك الصدق في التعبير عن الطبيعة في بلاد العرب، وعن واقع الحياة اليومية السهلة التي وجد فيها غوته اختلافا كبيرا عن الحياة التي كان يعيشها، تلك الحياة الأوروبية التي كانت تفترسها الحروب، وتعج بالاضطراب والفوضى، لذا نجده يصف رحلته من الغرب المضطرب والمليء بالحروب و النزاعات إلى

الشرق الهادئ، النقي، الذي لم يزل يحمل بذور الفطرة الإنسانية في نقائها وبساطتها، يصفها غوته بالهجرة وهو ما أطلقه على عنوان قصيدة له ضمن (كتاب المغنى)، وهو أحد كتب (الديوان الشرقي الغربي) للشاعر، وقد سبقت الإشارة إلى تلك القصيدة في بيان هجرته الروحية إلى الشرق.

إن الأحداث السياسية العاصفة أصابت نفس الشعر الألماني بالقلق الشديد، ودفعت به للهرب بعيدا، هذا ما كتبه غوته نفسه إلى أحد أصدقائه بتاريخ ١٨١٣/١١/١٠، يخبره أنه بدأ يصرف اهتمامه إلى الشرق، رغبة منه في التواجد الفكري في مكان آخر، ووصف غوته أثر ذلك التغيير في نفسه بأنه بلسم شاف[٢٣].

وتبدو دعوة غوته إلى الهجرة نحو الشرق العربي بصفة خاصة، واضحة في قصيدته تلك التي ينشد فيها العيش في أعماق الشرق الطاهر الصافي، حيث مهبط الأنبياء والمرسلين. وفي ديوان غوته الذي ذكرناه آنفا، يبدو تأثره واضحا بالشعر العربي ويبدو بوضوح أثر الأدب العربي وأثر الأدب العربي وأثر شعراء الصعاليك العرب مثل تأبط شرا والشنفرى واضحا في شعره[٢٤].

ومن شدة تأثره بالشعر الجاهلي قام بترجمة قصيدة تأبط شرا التي يرثي فيها حاله يقول فيها:

عند أسفل الصخرة على الطريق

يرقد قتيلا

من إلى دمه

لا يتساقط الندى

وقد دون غوته ملاحظا على هذه القصيدة:

"لب الشعر هنا يتمثل في الإباء والجد والعنف المشروع"[٢٥]

ومن خلال الإطلاع على أسلوبه الأدبي يبدو جليا تأثره بالشخصية العربية، حتى أطلق على نفسه اسم (حاتم) إعجابا منه بـ(حاتم الطائي) الشخصية العربي المشهورة بالكرم، يقول غوته بأنه لا يمكن أن يصل إلى ما وصل إليه حاتم الطائي في الكرم والسخاء ولا يقارن نفسه به، بل لكي تبقى تلك الشخصية ماثلة في ذهنه وأمام عينيه لشدة تأثره بها.

ففي كتاب (زليخا) ضمن ((الديوان الشرقي الغربي))، يقول مخاطبا حبيبته (مريانه) التي أطلق عليها اسم (زليخا):

ولما كنت منذ الآن ستدعين زليخا
فلابد لي أنا أيضا من اسم
حتى تتغنين بحبيبك
حاتم ! هكذا ينبغي أن يكون اسمه
فإن تعرفي أحدا تحت هذا الاسم
فلن يكون هذا ادعاء
فإنما بما أنا عليه من فقر، لا يمكن أن أكون
حاتم الطائي أكرم الكرماء[٢٦].

وقد كون غوته من خلال قراءته صورة جميلة عن العربي وعن خلقه ونبله وكرمه وعفته في الحب.

وقد أثر كل ذلك في نفسه من خلال ما رآه مرسوما في الأدب العربي والقرآن الكريم والحديث النبوي والقصص والتاريخ العربي الإسلامي، وقد أصبح بسبب هذا الإعجاب داعية متحمسا لدراسة أدب العرب بلغته وقد دافع عنه إزاء هجمة (الكلاسيكيين) الجدد وحماستهم للحضارة الهلينية اللاتينية.

وقد انعكس في الديوان الشرقي ذكر الشعراء العرب من أهل الحب و العشق والحكمة، فقد ذكر جميل بثينة والمجنون وحاتم الطائي والمتنبي وعكس بعض الأمثال العربية كوله:

"من يلزم الصمت لا يهاب إلا قليلا"

كما يقول المثل العربي:

"المرء مخبوء تحت لسانه"(٢٧)

ومن تأثر غوته بقصص الحب العربية في أشعاره، قوله في قصيدة له ضمن كتاب العشق في الديوان الشرقي الغربي تحمل عنوان (نماذج):

ليلى ومجنون الفلا
نعما بحبهما الطويل

***

هذي بثينة مع جميل
هويا على مر النسيم (٢٨)

***

ثم يقول في قصيدة بعنوان (أكبر سرا)
لذا كان أعظم الأحزان،

أن يطلب "المجنون" وهو يموت

أن لا يذكر اسمه بعد

أمام "ليلاه"[٢٩].

ويتمنى غوته أن يكون كالمتنبي في شخصيته، لإعجابه وتأثره به، فهو يقول في قصيدة له ضمن ديوانه:

بل أود أن أكون الفردوسي أو المتنبي[٣٠].

ويذكر غوته في كتابه كثيرا عن الشعر العربي والجاهلي (بصفة خاصة) الذي أثر تأثيرا بالغا بالإيحاء إليه في ما كتبه من شعر ضمن ديوانه الشرقي الغربي.

فهو يصف القصيدة العربية فيما تحويه من فضائل ومعان أخلاقية سامية تتفاخر بالشجاعة والشرف والعشق والكرم والصدق وغيرها من خصال حميدة.

يذكر ذلك في باب التعليقات التي ختم بها ديوانه الشرقي الغربي، إذ يقول في القصيدة العربية بأنها ترمز إلى الشعور بالشرف والشجاعة، والرغبة العارمة في الثأر التي يوحي بها الحزن في العشق والكرم والإخلاص[٣١].

ويحاول غوته تقسيم ديوانه حسب أغراضه التي تناولها العرب، وهي كما يذكرها، الغزل والحماسة والهجاء. لذا فهو يشير إلى ذلك في قصيدته (عناصر) ضمن ((كتاب المغنى)) في أبياتها (الأول والثالث والرابع)، على حين ينحو منحى (حافظ الشيرازي) الشاعر الفارسي المشهور وهو شاعره المفضل في البيت الثاني فيقول:

من أي العناصر

يجب على الشعر أن يستمد قوته وروعته

***

ألا فليكن الحب أولا وقبل كل الأشياء

***

ثم ليكن للكؤوس جرس ورنين

***

وليمتلئ بقعقعة السلاح

***

وعلى الشاعر أخيرا

أن يكره من الأشياء كثيرا

فلا يدع من القبيح فتيلا

يحيا إلى جوار الجميل (٣٢)

وتأثر غوته بالحياة السهلة التي كان يعيشها العربي إذ ذاك حتى وصل به الأمر إلى ارتـداء الـزي العربي، وهو يرى أن اللـه أنعم على العربي بنعم أربع: عمامته، وخيمته، وسيفه وشعره. وقد تحدث كثيرا عن العمامة، وكان يعتبرها أجمل من تيجان الملوك، ولحبه العمامة أهدته حبيبته (مريانه) في عيـد ميـلاده السادس و الستين عمامة شرقية، وزعم أن عباس -شاهنشاه إيران- لم يتوج رأسه بعمامة أروع مـن هـذه العمامة (٣٣).

ويتكلم غوته عن إعجابه بالعرب والنعم التي أسبغها اللـه عليهم، ليكونوا في السلم آمنين، ويعدها أربعا، فالعمامة التي لديهم يقول عنها بأنها أجمل من تيجان الملوك، وخيامهم التي يقيمون فيها وبكل يسر ينقلونها معهم من مكان إلى آخر،

وسيوفهم التي هي أشد منعة من السور العالي أو الصخرة المنيعة، ويصف ديوان شعرهم (القصيدة) التي تشجي وتلهف إليها النفوس، ويضمن ذلك قصيدته ضمن كتاب (المغني) في ديوانه والتي هي بعنوان (نعم أربع) يقول فيها:

كيما تجتاب الأعراب

بلادهم الشاسعة في يسر وحبور

حباهم الله من النعم أربعا

حتى يكونوا في السلم آمنين:

وهبهم "العمامة" التي تزين

خيرا من تيجان الملوك أجمعين

وخياما فيها يقيمون وينتقلون

كيما يأووا إلى أي ركن يبتغون

ثم وهبهم "سيفا" يحمي ويذود

خيرا مما يفعل السور العالي والصخرة الصيخود

كما منحهم قصيدا يشجي وقصيدا يفيد

تتلهف مشوقا نفوس الغيد(٣٤).

لذا نجد أن من أهم ما جذب غوته إلى الشرق العربي هو الشعر العربي القديم فقد تأثر بالقصيدة العربية التي ألهمته ما كتب من شعر في "الديوان الشرقي والغربي" الذي حذا فيه حذو الشعراء العرب القدامى، وهو الذي يكن لهم أشد الإعجاب، لا في شعرهم فحسب، بل في أخلاقهم ومثلهم وقيمهم الرفيعة، وبيئتهم وبساطة عيشتهم ونعم الله التي حباهم بها. لذا فإن القصيدة الشعرية العربية كانت

من العوامل التي جذبت غوته في هجرته الروحية نحو الشرق العربي، زائرا فيها بخياله أرض العرب، وارتوت أفكاره من أدبها، ليكتب في الشعر مقتديا بالقصيدة العربية في قوافيها وجرسها الشعري الجميل التي يمتدحها بقوله تتخذ أشعارهم مظهر المنظومات المقفاة، وهو نوع يحتاج إلى عبقريات من الطراز الأول من أجل إنتاج شيء ممتاز فيه"[٣٥].

وفي هذا الصدد يقول المستشرق الألماني (الدكتور ب. فايشر): إن غوته قد تأثر كثيرا بآراء هيرد (Herder) ١٧٤٤-١٨٠٣ الذي اطلع على مجموعة أمثلة قليلة من الشعر العربي، فظهر له أن الشعر أجمل تعبير عن ثقافة شعب من الشعوب، فمن الشعر تعرف العصور والأمم معرفة أعمق من المعرفة الخادعة التي تأتينا عن طريق تاريخ السياسة والحروب، فهو يقول عن الأدب العربي في مؤلفه "المثل والصورة خاصة عند أهل الشرق" بأن هذا الأدب تعبير صادق عن الشعب العربي وعن لغته، وأخلاق حياته، ودينه وإحساسه، وهو كبير وغني وشديد في صوره، عجيب ولامع في وصفه، غال وصالح في علاقاته بالدين الإسلامي، وظهر تأثير هذا الرأي بعد ٣٥ سنة أيضا في نظريات غوته أمير لشعراء الألمان، وفضل هذا الرأي[٣٦].

ويعد الشعر العربي الذي كان ((ديوان العرب)) من الكنوز العربية الشرقية التي حظيت بعناية الغرب، إبان المرحلة الاستشراقية التي تنامت بشكل متزايد ي أواخر القرن السابع عشر وبعدها، مع أن بدايات العناية الثقافية بالشرق لإسلامي عامة والعربي خاصة نشأ في بدايات ذلك القرن، ويؤكد (ب. فايشر): إن تاريخ الاهتمام الثقافي بالشرق الإسلامي في ألمانيا كان بداية القرن السابع عشر حين

أسس في جامعة هايدلبرج أول كرسي لتدريس اللغة العربية. وكان للحركة الاستشراقية آنذاك دور كبير في توجيه الأنظار نحو الأدب العربي وذلك من خلال التراجم الهامة لعدد كبير من كتب التراث العربي المرموقة فمن المستشرقين الألمان المشهورين سيمون فويل (Weil) الـذي ترجم "أطواق الذهب" للزمخشري، و"ألف ليلة وليلة" و "سيرة النبي" صلى الله عليه وسلم لابـن هشام و "سيرة النبي" صلى الله عليه وسلم لابن إسحاق[٣٨].

وغيرها من الكتب الإسلامية والعربية التي مهدت للكتاب والباحثين الألمان للاطلاع علـى التراث الإسلامي والعربي في تلك الفترة التي بدأ فيها الغرب بالتوجه نحو الآداب الشرقية.

فضلا عن ذلك فإن التراجم التي قام بها "ألف هامر بروكستل" كان لها تأثير كبير علـى اهـتمام غوتـه بالآداب العربية من خلال قراءته لها، كما تـأثر بأعماله وأراد أن يخطو خطاه في ذلك، فقد بـدأ كتابـه مسرحية عن شخصية الرسول محمد صلـى الله عليه وسلم نظم جـزءا منها ولم يكملها فيها بعد، فتـأثر بالدراما التي كتبها "ألف هامر" عن سيرة النبي الكريم سائرا على منهجه وهو الذي قال بعد أن قرأ ودرس باهتمام كبير حياة النبي الشرقي وعندما جاءتني هذه الفكرة كنت مستعدا لها"[٣٩].

وفضلا عن ذلك يعبر غوته في أشعاره عن إعجابه بالمدن العربية بقبابها وقصورها، وقوافلها وكل مـا تحمله من أصالة الحضارة وبساطة الحياة، فهو يذكر بلهفة وشوق المدن العربية العريقة كبغداد والبصرة ودمشق، كما يذكر الخليج العربي حيـث اللؤلؤ الكامن في بحاره ويعـرج على طريق القوافل إلى البحر الأحمر

ونهر الفرات الجاري بالسلسل العذب حين يصف ذلك في قصيدة له كتاب (العشق) في الديوان الشرقي الغربي قائلا:

وكيف قام الجسورون من الغواصين

فانتزعوا من الخليج كنز اللؤلؤ[٤٠]

ثم يذكر نهر الفرات العذب وهو يخاطب حبيبته (زليخا) قائلا:

لما كنت أركب السفينة في الفرات

إنزلق الخاتم الذهبي

الذي تلقيته منك

على طول إصبعي في أعماق الماء

يتضح لنا مما سبق أن انشغال غوته بالمنطقة العربية لم يكن وليد مرحلة الديوان بل كان ثمرة اهتمام كبير بالثقافة العربية استمر سنوات طويلة.

ومن اللافت للنظر أن غوته عندما نشر لأول مرة ((الديوان الشرقي الغربي))، كلف المستشرق سلفستر دي ساسي ترجمة العنوان إلى اللغة العربية وليس إلى الفارسية، وهكذا ظهر على غلاف الديوان العربي التالي:

((الديوان الشرقي للمؤلف الغربي))، إلى جانب العنوان الألماني، كما قام دي ساسي أيضا بترجمة هذه التحية الشعرية التي كتبها غوته إلى العربية: أيها الكتاب سر إلى سيدنا الأعز، فسلم عليه بهذه، الورقة التي هي أول الكتاب وآخره يعني أوله في المشرق وآخره في المغرب، ويلاحظ أيضا أن غوته احتفظ بالكلمة العربية (ديوان) غير الشائعة الاستخدام في اللغة الألمانية، ولم يستخدم أي كلمة ألمانية

بديلة، مما يؤكد رغبته في إضفاء الصفة الشرقية على ديوانه الغربي، ولا سيما الصفة العربية[٤٢].

إن ارتباط غوته الروحي بالشرق، أفصح عنه خير إفصاح في مجموعة أبيات تضمنها ديوانه الشرقي الغربي بقوله:

إن من خبر كنه نفسه ولكنه الآخرين، ليس بحاجة إلى من يخبره أن عرى المشرق والمغرب وثيقة لا تنفصم[٤٣].

## المبحث الثالث

## أثر الآداب الفارسية والهندية في أدب غوته

### أولا: غوته وأدب بلاد فارس:

لقد كان للمؤلفات التي وقعت بين يدي غوته من الآداب الفارسية المترجمة من قبل المستشرقين و المهتمين بالآداب الشرقية في ألمانيا أو في خارجها، أن أعطت دفعا كبيرا للشاعر لكي يهيم بعشق بلاد الشرق.

وكان غوته قد تعرف عام ١٨١٤ على الشاعر الفارسي حافظ الشيرازي، من خلال الترجمة الألمانية التي قام بها المستشرق (هامر بورغشتال) وقد قرأ غوته هذه الأشعار فامتلأت نفسه بالإعجاب الجارف بقوة الشعر الفارسي، وانتزعته الأشعار من عالم الحقيقة إلى عالم مثالي، بل وأشعرته بالتحدي الذي دفعه إلى مقابلة الشعر بالشعر، كذلك قرأ غوته لشعراء آخرين نذكر منهم الفردوسي، وجلال الدين الرومي، والسعدي[٤٤].

لقد كان إعجاب غوته بالأدب الفارسي من بين الآداب الشرقية جميعها لا يوازيه إعجاب آخر، فأقبل عليه يقرأ ما يترجم عنه، إذ قرأ قصة ((المجنون وليلى)) التي نظمها الشاعر الفارسي المشهور (نظامي)، والتي ترجمت من قبل (هارتمن) إلى الألمانية في سنة ١٨٠٧، وكان في فيينا في ذلك الحين مستشرق كبير يشتغل في التنقيب والبحث في (كنوز الشرق)، ويقدمها للأوربيين باللغة الألمانية، هذا المستشرق هو (يوسف فون همر)، الذي خص الشعر الفارسي من نشاطه بأوفى نصيب[٤٥].

هذا ويبقى تعلق (غوته) بالشاعر (حافظ) لا يدانيه شاعر آخر من شعراء بلاد فارس، وفي ذلك يقول في مذكراته عام ١٨١٥ استطعت أن أحصل في العام الماضي على ترجمة فون همر لديوان حافظ كله، وإذا كنت لم أظهر بشيء من قراءتي لما ترجم لهذا الشاعر العظيم من قبل، من قطع نشرت في المجالات هنا وهناك، فإن مجموعة أشعاره قد أثرت في تأثيرا عميقا قويا حملني على أن أنتج وأفيض بما أحس وأشعر، لأني لم أكن قادرا على مقاومة هذا التأثير القوي على نحو آخر. لقد كان التأثير حيا قويا، فوضعت الترجمة الألمانية من بين يدي، ووجدت نفسي مدركا ما يقوله حافظ سواء في موضوعه أو في معناه، يبدو ويظهر وينبعث مني بقوة وحرارة، حتى إني شعرت شعورا قويا ملحا بحاجتي إلى الفرار من عالم الواقع المليء بالمخاطر التي تهدده من كل ناحية، سواء في السر أو في العلانية، لكي أحيا في عالم خيالي مثالي، أنعم فيه بما شئت من المتع حسب طاقتي[٤٦].

ولعل تأثر غوته الشديد بشعر حافظ، كان مرده إلى حالة غوته المشابهة لحالة حافظ، فالاثنان عاشا في بيئة مضطربة مليئة بالصراعات والحروب، وكلاهما كان يريد أن يعبر عما يجول بخاطره من حديث الحب والتغني بالبلبل والورد والخمر في هدوء ومرح وسرور.

لذا فإن غوته اتخذه مثلا أعلى في الشعر وخصه بكتاب في ديوانه (الشرقي الغربي) تحت عنوان (حافظ)، يقول في بعض أبياته مخاطبا شاعره المفضل:

أي حافظ: إن أغانيك لتبعث السلوى،
إبان المسير في الشعاب الصاعدة الهابطة،
حين يغني حادي القوم ساحر الغناء،
وهو على ظهر دابته،
فيوقظ بغنائه النجوم في أعلى السماء،
ويوقع الرغبة في نفوس الأشقياء،
وإنه ليحلو لي، أي حافظ المقدس، أن أحيي ذكراك،
عند الينبوع الصافي، وفي حانات الصهباء،
وحين تكشف المحبوبة عن نقابها قليلا،
فيغفو منه مهتزا، عبير المسك والعنبر.
أجل: إن ما يهمس به الشاعر من حديث الحب،
ليحمل الحور أنفسهن على أن يعشقن[٤٧].

وجاءت محاكاة غوته في قصيدته هذه للشاعر حافظ بعد قراءته لترجمة (فون همر) ديوان الشاعر -التي سبق ذكرها-، لا سيما قصيدته التي يذكر فيها: الخمر

والحب والساقي والحبيبة، والورد والبلبل، والربيع والشباب، ولذة الوصال وحرارة البعاد والانفصال، والأتقياء والمزيفون، والسخرية من الزهد، والإشادة بالجمال، وتمجيد الشاعر لنفسه والفجر، تلك هي الأقطاب التي يدور حولها في أنيق وحنين عالم حافظ بين الشمس و القمر، ونجوم الصباح ونجوم الثريا.

وكان المستشرق (فون همر) قد أشار إلى طابع السيولة في الشعر الشرقي بقوله: إن وحدة الكل الجميل، وكمال الأثر الفني المصبوب في قالب واحد، هذا كله لن تجده في قصائد حافظ، فإذا فككت البناء الجميل، ونثرت الأبيات فرادى، فإنك حينئذ تمتلئ إعجابا بهذه الدرر اليتيمة الكثيرة[٤٨].

وكان (همر) قد أورد في مقدمته لترجمة ديوان حافظ، اعتمادا على المترجمين و الشراح الشرقيين، أن حافظا قد لقب بأنه (لسان الغيب) بسبب المعنى السري المغيب في أشعاره، والتي توصف من قبل البعض بالصوفية، على حين يرى غوته أن حافظا سر، ولكنه سر ظاهر، وليس سرا مغيبا، كما يزعم هؤلاء المترفون، وهو يعبر عن ذلك بكل وضوح في قصيدة له في (الديوان الشرقي والغربي) عنوانها (سر ظاهر) يقول فيها:

لقد لقبوك، أي حافظ الأقدس،
اللسان الصوفي،
ولكنهم، وهم العلماء،
لم يفهموا قيمة كلماتك،
أنت لست عندهم الصوفي،
لأنهم يفكرون في شعرك تفكيرا أحمق،

ويقدمون خمرهم المدنسة
باسمك أنت
حقا إنك لصوفي، ولكن بسبب واحد،
هو أنهم لا يستطيعون فهمك
أنت، يا من أنت سعيد، من غير أن تكون تقيا
ولكنهم لا يريدون بهذا لك اعترافا[٤٩].

هذا ويصف غوته الشاعر حافظ الشيرازي بأنه توأمه الفكري وبأنه ((صوفي نقي، دون أن يكون ورعا))، ومن الملاحظ أن كثيرا من الصور والاستعارات التي يستخدمها غوته في (الحنين المقدس) موجودة أيضا في أشعار حافظ، لذا فمن المؤكد أن تأثر غوته بتلك الأشعار قد أوقعته تحت تأثير الديانة الإسلامية والشعر والصوفية الشرقيين[٥٠].

وقد أخذ غوته عن الروح الشرقية فكرة العشق الإلهي الذي يحاول فيه المرء أن يفني ذاته أي صورته الراهنة لكي يتحد بصورة عليا مع صورة الصور، وهي الله، وهذا العشق يتحدث عنه ويعدونه نوع من احتراق المحب في نار المحبوب، وقد ورد هذا النوع من العشق الإلهي في كثير من أشعار الصوفيين العرب والفرس المسلمون، فيرد في شعر حافظ (شاعر غوته المفضل) تشبيه للفراشة التي تحترق باللهب من وجدها في أكثر من مقال، حين يقول في طائفة منها:

(قلبي المحترق كان كالفراشة)، و(خذ أيها النور، كل لذة من لذائذ غرام الفراشة غنيمة لك)، و(الفراشة تحترق في النور استعذابا للحب)، وترد ذات الأفكار في شعر كثير من شعراء بلاد فارس، فالسعدي يقول في (الكشاف): أولا تحرق

الفراشة نفسها في النور، أو ليس هذا خيرا لها من أن تموت حتما بدون الشمعة في الركن المظلم؟

وجلال الدين الرومي هو الآخر يرمز بالتشبيه للحب الإلهي قائلا: إن فراش الليل ليقي بنفسه في ضياء الشموع، فألق بنفسك إذن في بحر نيران الإله، وقد ترجمها (تولك) في مجموعة الأشعار المختارة بعنوان (مجمع الأزهار).

ومن الجدير بالذكر أن الشاعر حافظ له من التأثير والشهرة في الغرب حظ لا يدانيه فيه سوى الخيام من بين شعراء الشرق، فقد عرفته أوروبا في القرن الثامن عشر، وقد تأثرت به أشد تأثير معبرا عن الصورة العليا للروح الشرقية، إذ وصلت شهرته إلى الإنكليز عن طريق الهند عندما طبع ديوانه في مدينة كلكتا سنة ١٩٧٩، ثم عني به الفرنسيون ورائدهم في هذا مؤسس الاستشراق الحديث (البارون سلفستر دي ساسي) الذي كان رائدا في كل فرع من فروع الدراسات الشرقية تقريبا، فاهتم خصوصا بترجمة حياة حافظ، معتمدا على كتاب (دولتشاه) في تراجم الشعراء الفرس وفقا لزمانهم، أي بحساب الترتيب التأريخي، وقد نشر بحثه هذا في (الحواشي والمستخلصات) Notices et Extracts.

وعرف الألمان حافظا من خلال صلتهم بالشرق القريب، وذلك عن طريق الأتراك، إذ كانت الصلة بين النمسا وتركيا قوية آنذاك، فقد عني به النمساويون أولا قبل الألمان، ففهموه بعد أن قرءوا عنه في ترجمة قام بها (سودي) من شرح عظيم على ديوان حافظ، وعلى أساس هذا الشرح قامت ترجمة (يوسف فون همر) في جزئين سنة ١٨١٢، في حين بدأت أبحاث الألمان حول حافظ بترجمة الكونت (ك.أ.رفتسكي) كثيرا من غزليات حافظ إلى اللغة اللاتينية في (أوزان هوراسية)،

وتلاه العمل الضخم الرائع الذي قام به (يوسف فون همر) مستعينا بشرح (سودي) كما مر ذكره.

لقد كان لتلك الترجمة تأثير هام في أوروبا عامة وألمانيا خاصة، إذ تنامى الاهتمام بأشعار حافظ في أوروبا قاطبة، حيث ظهرت اهتمامات متعددة في هذا الشأن في فترات لاحقة أرزها المحاضرة العميقة للدانماركي (هانز هيزسن شيندر) في برلين عام ١٩٣٢، وقد نشرها فيما بعد كتابه ((ترجمة جيته الروحية في الشرق)) سنة ١٩٣٨، وكان عنوانها النظرة في الحياة والصورة الغنائية عند حافظ. فيها عرض تضمن شيئا من التفصيل لحياة حافظ ثم لتأريخ تأثيره في الغرب، بعدها تناول بالتحليل طريقة الصياغة الشعرية عنده، محاولا أن يقارن بين غوته وبين حافظ، فجاءت أعمق ما كانت من الصلة بين الاثنين.

مما تقدم، نرى أن غوته قد تأثر تأثرا كبيرا بالشاعر الفارسي حافظ، فاق تأثره بأقرانه من شعراء بلاد فارس، حتى وصل به الأمر إلى تقليده ومحاكاته في أشعاره وأفكاره، ومع ذلك فإن إعجابه بالأدب الفارسي بشكل عام دفعه لكي يقرأ كل ما ترجم عنه إلى الألمانية فقد تأثر غوته أيضا بالشاعر (السعدي) الذي قال عن نفسه في ديوانه (جلستان): إن الكلم السائل من يراعه يتذوق كأنه السكر، لذا فقد حاكاه غوته في قصيدة (لقاء) ضمن (كتاب زليخا) في الديوان الشرقي الغربي) قائلا:

ألا فليبد يراع كي يشيع في العالمين العذوبة!

وألا ليت قلمي يقطر بما هو جميل(٥١).

فضلا عن ذلك، فقد قلد غوته الشاعر الصوفي (فريد الدين العطار) الذي قال في إحدى قصائده:

الخير أو الشر الذي يأتيه إمرؤ إنما يأتيه ضد نفسه أولها. ولعل هذا البيت قد استوحاه الشاعر من الآية القرآنية(٤٦) من صورة (فصلت)، التي تقول:

**(من عمل صالحا فلنفسه ومن أساء فعليها وما ربك بظلام للعبيد (٤٦) )** فحاكاه غوته، بعد أن قرأ هذين البيتين في ترجمة فرنسية لسلفستر دي ساسي، نشرتها مجلة ((كنوز الشرق)) التي يشرف عليها المستشرق (فون همر)، وقد أنشأ غوته قصيدة بعنوان (الألماني يشكر) ضمنها ذات المعاني الواردة آنفا في بيتين منها قائلا:

لأن الحياة الحقة في البراءة الخالدة للفعل

تلك التي تبدو كأنها لا تضر شيئا أكثر مما تضر نفسها[٥٢].

وهذه الأبيات تكشف عن فلسفة (غوته) المبنية على حب العدل والإنصاف وتمجيد الأفعال الحسنة.

وفي كتاب (العشق) الذي أسماه غوته (عشق نامة) ضمن ديوانه ((الشرقي الغربي))، يبدو تأثره واضحا بالكتب المترجمة عن الأدب الفارسي من قبل المستشرقين، ففي قصيدة (نماذج) التي نظمها سنة ١٨١٥ يورد الشاعر ستة أنماط من قصص العشق الشهيرة وهي: (زال وروذابه) الذين تحدث عنهما الفردوسي في (الشاهنامة)، والثانية عن (زليخا ونبي الله يوسف) التي وردت في القرآن الكريم، وقرأها غوته في كتاب (ديتس) الذي يحمل عنوان (ذكريات عن آسيا) ،كذلك قصة (جامي) التي تتحدث عن (يوسف وزليخا) أما الزوج الثالث فهو (فرهاد وشيرين)، وقد اهتدى إليهما غوته في كتاب (فون همر) الذي يحمل عنوان (شيرين)، وهي

عبارة عن قصيدة فارسية عاطفية مأخوذة من المصادر الشرقية في جـزئين، مطبوعـة في ليبستج سـنة ١٨٠٩.

والرابعة ((غرام ليلى والمجنون)) القصة العربية الشهيرة التي كتبها (نظامي)، كـما سـبق ذكـره، إذ اطلع عليها غوته مترجمة إلى الألمانية، أما الخمسة فهي قصة ((غرام جميل وبثينة)) التي قال عنها غوتـه: (إن جميلا وبثينة، قد بقيا مرتبطين بالغرام حتـى سـن متقدمـة جـدا)، وقـد قـرأ عـنهما الشـاعر في كتـاب (هربوليه)، الصادر عن المكتبة الشرقية بباريس سنة ١٧٨٣ والمترجم من قبل (ي: شولستس) سنة١٧٨٥.

والزوج الأخير: (سليمان وبلقيس ملكة سبأ)، وقد قرأ عنهما غوته في كتاب "شيرين" لفون همر.

وها هي قصيدة (نماذج) التي كتبها غوته ذاكرا فيها أشهر قصص العشق التي تـأثر بهـا وسـبقت الإشارة إليها آنفا:

إن الأحبة ستة،

العشق بينهما مثل

زوج هدته كلمة:

روذا ورستم

عاشا ولم يتعارفا،

هذي زليخا ويوسف

عشق وحب لم يجد،

شيرين تلك وفرهد

هاما فجن أخو الهوى:

ليلى ومجنون الفلا

نعما بحبهما الطويل،

هذي بثينة مع جميل

هويا على مر النسيم،

بلقيس وسليمان الحكيم

فإذا عرفت هواهم

أيقنت أنك منهم<sup>(٥٣)</sup>.

وقد بقيت قصة العشق الأخيرة في مخيلة الشاعر، إذ كتب قصيدة بعنوان (تحية) في كتاب (العشق) يعيد فيها غوته قصة الهدهد مع نبي الـله سليمان، حين صار رسولا بينه وبين بلقيس ملكة سبأ، كما وردت هذه القصة في القرآن الكريم، وفي العهد القديم، وفي ترجمة (فون همر) لـديوان حافظ، وكذلك لدى (ديتيس) في (الذكريات) إذ ظلت أبيات حافظ في ذهن غوته حينما قال: نبأ يسرك يا فؤادي ! فالريح الشرقية قد عادت، وعاد معها الهدهد من سبأ بالنبأ السعيد. وكان قد ترجمها (فون همر) ومـن قبيل الصدف أن غوته رأى في إحدى المرات هدهدا حين كان يمر في ناحية فرانكفورت على نهـر المـاين، فلـما رآه توسم فيه رسولا لحب جديد، وقد ذكر غوته هذا في إحدى رسائله إلى حبيبته (مريانة) وقد تـأثر في هـذه القصيدة التي نظمها، بأحد مقاطع قصيدة الشاعر الصوفي فريد الدين العطار التي عنوانها (منطق الطير)، حين قال الهدهد في هذه القصيدة:

((إن من يبدو رسولا، لابد أن يحمل فوق رأسه تاجا))

وقد حاكاه غوته في أحد أبيات قصيدته آنفة الذكر بقوله:

(ناشرا تاجا مهدب)

لقد كان لترجماته كبار المستشرقين الأوروبيين، وعلى رأسهم (همر) أوائل القرن التاسع عشر ـ لبعض قصائد وأشعار أدباء بلاد فارس وبخاصة كتابه الذي ألفه عام ١٨١٨، والذي حمل عنوان ((تأريخ البلاغة في بلاد فارس))، أثرا كبيرا على توجه غوته نحو دراسة الآداب الفارسية، وذلك لدى إطلاعه على أبرز شعراءها، وفي ذلك يقول المستشرق الألماني المعاصر (د. فيشر): ((لقد تأثر أدباء ألمانيا والنمسا غاية التأثر بهذه الترجمة التي كان لها وقع على أبناء هذين القطرين)).

وقد تأثر غوته بشاعر فارسي آخر وهو (الفردوسي) صاحب (الشاهنامة)، إذ ينظم قصيدة في كتاب ((التفكير)) ضمن (الديوان الشرقي الغربي) تحت عنوان (الفردوسي يقول) وهو يرد عليه في بيتين له وردا في (الشاهنامه) قال فيهما:

أيها العالم، كم إنك سافل:

أنت تغذو، أنت تنشئ، أنت قاتل

في حين يصدر فيهما غوته قصيدته ويرد عليه في أبيات لاحقة قائلا:

فإذا بقيت مثابرا في الخير ممتحنا تقدر

فعليكموا يا سادتي

أن تفعلوا نحو الإله

كفعل عبد نحوكم:

قاسوا ولكن أخلصوا [٥٤]

ومن الشعراء الفرس الكبار الذين تأثر بهم غوته هو (جلال الدين الرومي)، فقد نظم شاعر الألمان قصيدة في كتاب ((التفكير)) ضمن ديوانه (الشرقي الغربي) عام ١٨١٥ أطلق عليها عنوان (جلال الدين الرومي يقول). قال فيها:

إن تقم في الكون ولى كفرار الحلم
فإذا جلت تبدى ضيقا مثل الفم
أنت لا تحتمل البرد ولا الحر الطويل
وإذا أزهر شيء صابه حالا ذبول[٥٥]
ج

ويبدوا أن غوته قد تأثر بتجليات الزهد والتصوف التي وردت في أشعار جلال الدين الرومي، التي ترجم طائفة منها (فون همر)، تحت عنوان ((تأريخ فنون القول الجميلة)) أو من خلال ترجمة مثنوى التي قام بها (روزن)، ولعل الشاعر الألماني (ريكرت) Rückert كان قد كرس معظم حياته لدراسة الأدب العربي والفارسي، وأبدع في ذلك كثيرا، لاسيما عندما نقل أبيات الغزل إلى الشعر الألماني، يؤكد ذلك المستشرق (فيشر) بقوله: نشكر للشاعر ريكرت إدخاله للمرة الأولى نظام أبيات الغزل إلى الأدب الألماني ضمن مجموعته الشعرية سنة ١٨١٩، التي قدم أشعارا جديدة، منها ما استلهمه من الشاعر الفارسي جلال الدين الرومي حينما قال:

النور في المشرق وأنا في المغرب
مثل جبل ينعكس على ذروته الضياء،
إنني القمر الفاقع الضياء لشمس الجمال،

فاصرف عني النظر وانظر إلى وجه الشمس

وقد حاكاه الشاعر الألماني ريكرت باللغة الألمانية قائلا:

I'm Osteen steht daslicht, ichstehim west, Ein Berg, an dissent Haupt derschein sichbrichi Ich binder schonheit ssonne blasser Monde. Schan Weg vonmir, der sonn'ins Angesicht! (٥٦)

يقول الشاعر: ((ولأن جلال الدين في الشرق يعني النور فإن هذا النور هو الذي ينعكس في قصيدتي))، ويقصد الشاعر (بوجه الشمس) لغة الشرق في أصالتها(٥٧).

يضيف (د. فيشر): ولم يكن "ريكرت" الشاعر الألماني الوحيد الذي قام بدراسة مؤلفات جلال الدين الرومي، فهناك أيضا (غوته) سلطان الشعراء الألمان الذي أظهر تأثيرات من جانب شعر جلال الدين في ديوانه الشرقي للمؤلف الغربي، وكما تعرفون كان غوته الشاعر الفريد في أوروبا كلها الذي كان في الحقيقة متوجها إلى الشرق وتأثر كثيرا بالثقافة الإسلامية بصفة عامة وبالثقافة الفارسية بصفة خاصة مثل مؤلفات حافظ الشيرازي ونظامي وجلال الدين الرومي وغيرهم(٥٨).

**ثانيا: غوته والآداب الهندية**

لقد أولى (غوته) الآداب في الشرق الأقصى بعضا من اهتماماته، لاسيما الآداب الهندية، وذلك بعد أن اطلع على مناهل الثقافة الآرية في كتابات (هيردر)، فضلا عن اطلاعه على بحوث عديدة عن الشرق الأقصى، كان قد نشرها الطبيب الهولندي (أوليفيه دابر) عام ١٦٨١ في ترجمة ألمانية، وكانت هذه البحوث تتضمن روايات متعددة عن خرافات الهند وذلك بالرجوع إلى الملحمة الهندية الكبرى

(مهابهارتا) (Mahabharata) ولقد استوقف غوته منها على الأخص عقيدة التجسد، فعكف على الملحمة يتابع ما ترويه عن تجسد (الآلة فنشد) في صورة الفتى الجميل (راما) ابن ملك أوده، ثم زواج الأمير (راما) من ذات الحسن والجمال (سيتا) وما كان من نفي (راما) بسعي امرأة أبيه إلى آخر القصة[٥٩].

وقد أحيا غوته هذه الأحداث على الرغم من تشابكها وكثرة الأسماء فيها، مع أنه قال في مذكراته ((شعر وحقيقة))، أن هذه الخلائق المروعة الهائلة العجيبة التكوين، بعيدة كل البعد عن الحق الذي هو دائما بغيته المنشودة.

بيد أن تعرف غوته على آلهة الهند العديدة، واطلاعه على مطولات أساطيرهم والتيهان في شعاب مذاهبهم، حيث تختلط الشهوات بالقداسات وتلتقي الأرض بالسموات، قد استولد قريحة شاعرنا -إلى جانب (الفاتحة المسرحية) في فاوست- جملة من الأساطير الهندية صاغها في أروع صورة وأبدع نظم، بحيث صارت من فرائده موشحاته القصصية من النوع المعروف عند الألمان باسم (Ballade)، وفي مقدمتها جميعا أسطورة (الآلة والراقصة)[٦٠].

وفيما يخص ترجمات المستشرقين التي أثرت في كتابات وأشعار الأدباء الأوروبيين، ومنهم غوته، وتوجههم لدراسة الآداب الشرقية والاطلاع عليها ومن ثم محاكاتها وتقليدها والاقتباس منها، بهذا الصدد، يقول د. فيشر: إن الابتداء الصحيح للاستشراق العلمي ظهر بوضوح في أوائل القرن الماضي على يد كثير من المستشرقين الألمان وأهمهم، فلهاوزن، نولدكه، فلايشر، فرايتاج، والفرنسي سلفستر دي ساسي مثلا، والانكليزي نيكلسون الذي عاش حتى الربع الأول من هذا القرن رغم أن كثرة المؤلفات التي ترجمت من العربية والفارسية إلى الألمانية والإنكليزية

أو الفرنسية كانت في القرن السابع عشر، ومن هذه الترجمات التي تداولت كتاب (كليلة ودمنة)، و (أسفار السندباد). والذي ساعد على التعرف بكثرة على حضارة وثقافة الشرق، وحكايات المسافرين الأوربيون الذي زاروا القارة الهندية، لاهور وأكرا، ثم أصفهان في إيران، وبغداد والقاهرة، وقد زاروها وعبروا عن الجمال الأبدي للمباني الإسلامية اللامعة في مدنها التي كانت غارقة في بحر حضارة وثقافة تلك العصور[٦١].

ومما قرأه غوته عن الأدب الهندي قصص (كليلة ودمنة) الشهيرة للحكيم البرهمي (بيدبا Pidpai) التي صاغها على ألسنة الحيوان لملك الهند (دبشليم) في القرن الرابع قبل الميلاد، إذ بلغت شهرتها (بلاد فارس) فنقلت من الهند إليها بترجمة (بهلوية) وهي الفارسية القديمة، ثم نقلها إلى العربية عبد الله ابن المقفع في عهد الخليفة المنصور العباسي في القرن الثامن الميلادي، ثم ترجمت إلى لغات عديدة في أنحاء العالم كافة.

يقول الأستاذ عبد الرحمن صدقي: (يعلل غوته نقل المسلمين من العرب والفرس هذه الحكايات دون غيرها من الهند، بأن ذلك راجع إلى عدم اتصالها بالوثنية الهندية، التي تنفر منها أذواقهم المترفة، نفور عقولهم من فلسفة الدين الهندي المعوصة)[٦٢].

ومن الملاحظ أن شاعر ألمانيا الكبير غوته، وقد تأثر بأدب الشرق، لم يكن تأثره بالآداب الهندية مماثلا لتأثره بالآداب العربية والفارسية، ويعلل ذلك الألماني شليجل (Schlegel) قائلا: ((إن غوته حرم عالم آلهة الهند، كما يفعل الكافر عندما يسلم)).

ويؤكد ذلك (فيشر)، بقوله والصحيح فإن غوته كان سلطان الشعراء الألمان، والشاعر الفريد في أوروبا كلها، الذي كان متوجها فعلا إلى الشرق الإسلامي[٦٣].

ونجد بالمقابل، أن غوته قد ترك هو الآخر أثرا كبيرا لدى الأدباء والمثقفين في القارة الهندية، تتجلى بوضوح في أشعار وكتابات الشاعر المسلم محمد إقبال، الذي درس في ألمانيا فترة من الزمن، وقرأ عن أدب شاعر الألمان الكبير غوته، فصار من أشد المعجبين به، يقول د. فيشر: وجد إقبال في مناقشته الروحية تجانسا مع الأدب والشعر الألماني، وكان يقدر غوته كثيرا ويقدر فكره الاشمل، وقد شجعه غوته بديوانه الغربي الشرقي على تأليف كتابه (بيام شرق) أو (رسالة للشرق) عام ١٩٢٣، وألف كثيرا من القصائد والأشعار على نهج وأسلوب (غوته)، وكان هذا الأخير في نظر (إقبال) أكبر شاعر في أوروبا، في حين كان جواب العلامة (محمد إقبال) في كتابه آنف الذكر جوابا عجيبا لعلامة الغرب غوته، وهذا استمرار طبيعي ومثمر بين الشرق الإسلامي والغرب الألماني، يؤكد ما تضمنته بعض أبيات كان قد كتبها غوته يقول فيها:

من عرف نفسه والآخرين، لابد أن يعلم حينئذ
أن لا انفصام لعروة بين مغرب ومشرق[٦٤].

هوامش الفصل الثالث

١- د.ب فايشر، المصدر السابق، ص ٦٥.

٢- سمير مينا جريس، تأثيرات عربية على الديوان الشرقي العربي في: هيلد غارد شتارسبرغ وآخرون، غوته، العبقرية العالمية، دار الجديد، بيروت، ١٩٩٩، ص ٧٥- ٧٦.

٣- د. عبد الجبار ناجي، المصدر السابق، بغداد، ١٩٨١، ص ٣٤.

٤- فايشر، المصدر السابق، ص ٢٧.

٥- جيته، الديوان الشرقي للمؤلف الغربي، الروائع المائة، ترجمة عبد الرحمن بدوي، القاهرة، ١٩٤٤، ص٩.

٦- د. داود سلوم، الأدب العربي في تراث العالم، بغداد، ١٩٨٧، ص ١٩٥.

٧- جيته، المصدر السابق، ص٧.

٨- المصدر نفسه، ص١.

٩- المصدر نفسه، ص١٤.

١٠-دواد سلوم، دراسات في الأدب المقارن التطبيقي، بغداد، ١٩٨٤، ص١٠٤.

١١-د. سلوم، الأدب العربي في تراث العالم، المصدر السابق، ص١٩٤.

١٢-د. سلوم، دراسات في الأدب المقارن التطبيقي، المصدر السابق، ص١٠٥.

١٣-د. ب فايشر، المصدر السابق، ص٦٥.

١٤-د. سلوم، دراسات في الأدب المقارن التطبيقي، المصدر السابق، ص١٠٥-١٠٦.

١٥-عبد المطلب صالح، مباحث في الأدب المقارن، بغداد، ١٩٨٧، ص٥٨.

١٦-جريس، المصدر السابق، ص٧٧-٧٨.

١٧-د. محمد غنيمي هلال، الرومانتيكية، ط٦، بيروت، ١٩٨١، ص٤٤.

١٨-موسوعة المصطلح النقدي، ترجمة: د. عبد الواحد لؤلؤة، ط٢، بغداد ١٩٨٢، ص٢١١-٢١٢.

١٩-د. ب. فايشر، المصدر السابق، ص ٦٧.

٢٠-المصدر نفسه، ص.

٢١-د. يوسف عز الدين، أثر الأدب العربي في حنايا الأدب الغربي، ط١، دار الصافي: الرياض، ١٩٩٠، ص٢٥.

٢٢-جيته، المصدر السابق، ٢١٠-٢١١.

٢٣-المصدر نفسه، ص١٤.

٢٤-عز الدين المصر السابق، ص٢٧.

٢٥-هانزرويمر- ألمانيا والعالم العربي، ترجمة د. مصطفى ماهر، بيروت، ١٩٧٤، ص١٨٩.

٢٦-جيته، المصدر السابق، ص٢١٠.

٢٧-سلوم، المصدر السابق، ص ١١٠.

٢٨-جيته المصدر السابق، ١١٥.

٢٩-المصدر نفسه، ص١٦١.

٣٠-المصدر نفسه، ص٢٣١

٣١-المصدر نفسه، ص٣٧٥

٣٢-المصدر نفسه، ص٧٢-٧٣.

٣٣-المصدر نفسه، ص٦٩ .

٣٤-المصدر نفسه، ص٦٩.

٣٥-المصدر نفسه، ص٤٣٩.

٣٦-الدكتور. ب. فايشر، المصدر السابق، ص٦٧.

٣٧-المصدر نفسه، ص٦٣.

٣٨-عبد الجبار ناجي، المصدر السابق، ص٣٤.

٣٩-رويمر، المصدر السابق، ص٢٢٥.

٤٠-جيته، المصدر السابق، ص٢١٥.

٤١-المصدر نفسه، ص٢١٦.

٤٢-جريس، المصدر السابق، ص٧٤.

٤٣-جيته، الديوان للمؤلف الغربي، المصدر السابق، ص ٢١٥

٤٤-جريس، المصدر السابق، ص٧٦.

٤٥-جيته، المصدر السابق، ص٥.

٤٦-جريس، المصدر السابق، ص٧٦-٧٧.

٤٧-جيته، الروائع المائة، المصدر السابق، ص١٦.

٤٨-المصدر نفسه، ص١٠.

٤٩-المصدر نفسه، ص١١٣.

٥٠-جريس، المصدر السابق، ص ٩٠.

٥١-جيته، الروائع المائة، المصدر السابق، ص١١٣.

٥٢-المصدر نفسه، ص١٢٢

٥٣-المصدر نفسه، ص١٣٨-١٣٩.

٥٤-المصدر نفسه، ص١٨٥.

٥٥-المصدر نفسه، ص١٩١.

٥٦-فيشر، المصدر السابق، ص٦٧.

٥٧-المصدر نفسه، ص٢٩.

٥٨-المصدر نفسه، ص٢٧.

٥٩-صدقي، المصدر السابق، ص٦٠.

٦٠-المصدر نفسه، ص٦٠-٦١.

٦١-فيشر، المصدر السابق، ص٦٤.

٦٢-صدقي، المصدر السابق، ص٦٤.

٦٣-فيشر، المصدر السابق، ص٨٠.

٦٤-المصدر نفسه، ص٧٣.

الفصل الرابع

أثر الإسلام

في

أدب غـــوته

## أثر الإسلام في أدب غوته

### بدايات تأثر غوته بالإسلام

بدأ اهتمام غوته بالإسلام في بواكير صباه، إذ اتجه نحو قراءة القرآن الكريم في ترجمات مختلفة، كذلك أعجب بشخصية النبي محمد صلى الله عليه وسلم من خلال دراسته لحياته دراسة متأنية معمقة، متتبعا إياها بكل تفاصيلها .

وفي هذا الشأن أورد الدكتور عبد الرحمن بدوي رأيا ضمن تعليقاته على (الديوان الشرقي الغربي) لغوته، وقد ترجمه إلى العربية يقول فيه: ولطالما أظهر جيته إعجابه الشديد بالإسلام حتى اعتبره هو والتقوى شيئا واحدا[١].

لقد كان غوته يؤمن بالتراث الديني للإنسانية، لا يفرق بين دين ودين، فتراه في (الديوان الشرقي الغربي) عميق المعرفة بالإسلام، وتدل الشواهد على أنه طالع القرآن الكريم فيما أتيح له من ترجمات معيبة مغرضة، ولكنه عرف كيف يستشف النص القرآني رائقا خالصا، وكان حتى في رسائله إلى أصدقائه، يستشهد بآيات منه، فهو في رسالة إلى هردر في عام ١٧٧٢ يقول: ((وأود أن أدعو دعوة موسى في القرآن: **رب اشرح لي صدري**))[٢].

ويظهر غوته إعجابه وتأثره الشديدين بالإسلام، لما تتميز تعاليمه من الاعتقاد من توكيد العمل للحياتين، وهذا ما رآه غوته في الإسلام من أنه دين عمل للحياة الدنيا والآخرة على حد سواء .

وفي هذا الصدد يصف الدكتور ب. فايشر في محاضرة بعنوان الفكر الإسلامي في الأدب الألماني للقرن التاسع عشر، المدى الذي بلغه غوته في تفهمه واستيعابه لتعاليم الإسلام ومفاهيم وقيمه الجوهرية، بعد أن توجه إلى الشرق وجهة روحية

خالصة، إذ قال :يعتبر غوته سلطان الشعر الألماني، الشاعر الفريد في أوروبا كلها الذي كان في الحقيقة مترجما إلى الشرق، وقد تأثر كثيرا بالثقافة الإسلامية بصفة عامة، حيث نجد عنده هذا التفهم الشامل لقيم الإسلام الجوهرية[٣].

ويرى غوته أن الغرب قد أخذ عن الإسلام كثيرا من المسائل الإيجابية التي تخص حياة الفرد الدنيوية والأخروية، يقول: ((إن الغرب أخذ عن الإسلام الأمثال الأخلاقية والمعنوية والنسكية اللاهوتية والصوفية))[٤]. ومن الواضح أن نظرة غوته الفلسفية إلى الإسلام ومبادئه الأخلاقية السامية وتفهمه العميق لتعاليمه ومناسكه قد جعلت منه أديبا يشار إليه بالبنان في هذا المستوى من التفهم والحكمة لا يدانيه إليه أحد من أدباء الغرب إلى وقتنا الحاضر وهو الشاعر والحكيم الذي يعد أحد أبرز قمم الأدب الغربي، فإذا كان دانتي الإيطالي صاحب الكوميديا الإلهية نابغة العصور الوسطى، وشكسبير الإنجليزي رائد المسرح العالمي عبقري النهضة، فإن غوته الألماني قد التقى فيه الغرب والشرق، والحكمة والشعر .

وقد يكون التقاء حكمة غوته وخلقه القويم مطابقا لما يدعو إليه الإسلام هي السبب الدافع لتوجهه نحو تتبع ودراسة مبادئ الدين الإسلامي وإعجابه الشديد به، وفي هذا الصدد يرى الكاتب الإنكليزي توماس كارليل (Thomas Carlyl) ١٧٩٥-١٨٨١م حين أول ما قرأه عن الكتاب والشاعر الألماني غوته رأى فيه كما يقول: ((حكيما يدعو إلى التدين والخضوع لما يرفضه الخلق القويم وأنه ليس هداما بل بناء، وليس رجل فكر فحسب ولكنه حكيم))، وكذلك رأى الشاعر الإنكليزي الغنائي تنيسون (Tennuson) ١٨٠٦-١٨٩٢م الذي كان يرى فيه ((الحكيم الخلقي، ويقتبس في بعض أشعاره من حكمه))[٥].

لقد كان أثر الإسلام عميقا في أفكار غوته انعكس على أدبه وكتاباته فيما بعد، فقد كتب في مراسلاته أو محاوراته مع إيكرمان (Eckermann) الكثير من أفكاره ونظرته إلى الإسلام منها: أن أوضح أفكاري الخاصة عثرت عليها في الإسلام وكذلك أيا كانت الطريقة التي تسعى بها إلى معنى وقوة الحياة، فإننا نحيا جميعا في الإسلام، لذا فإن الخلاف قد رافق الشاعر وسيرته منذ العهود الأولى بعد مماته، وكانت تشمل مؤلفاته التي وجد فيها الألمان، كما قال عنها يواخيم فيست في مقالة في صحيفة (فرانكفورتر الغيمانة) إنها تكشف دائما بعضا من الصعوبات التي كان الألمان يجدونها في أنفسهم، كما انتقد الكثيرون عمله في "البلاط" ومعتقداته الدينية التي احتلت حيزا كبيرا من تفكيره ولم يخفها، وكان النقاش الذي أثير بعد نهاية الحرب الأولى مباشرة حول إعادة بناء بيت الشاعر فطغى عليه موضوع نعت غوته بالغربة عن الأمة، كما وصف في بعض الأحيان (بالرجعي). أما بعد موته مباشرة فقد كتبت عنه الصحافة أنه اعتنق في نهاية حياته ((دينا بدائيا، قاصدة بذلك الإسلام !!))(٦).

لذا فإننا سنتناول لدى دراستنا لتأثر غوته بالإسلام محورين رئيسين أولهما: تأثره بشخصية النبي محمد صلى الله عليه وسلم وثانيهما: تأثره بالقرآن الكريم .

## المبحث الأول

### تأثر غوته بشخصية النبي محمد صلى الله عليه وسلم

تأثر غوته بالرسول الكريم محمد صلى الله عليه وسلم منذ بداية حياته، فقد أحس بميل شديد إلى شخصيته وهو يجد في حياته ومواجهته للصعاب والشدائد والمحن صورة شبيهة

بتلك التي واجهها هو نفسه، لذا اتجه لدراسة حياته منذ ولادته حتى وفاته، بكل تفاصيلها، وظهرت في أشعاره سمات تأثره بالأحاديث الشريفة، وفي ذلك يقول أي بينوشييه (A. Benachenhou) في كتابه غوته والإسلام ((لقد درس الأديب الألماني حياة المشرع، دراسة عميقة حتى أصبح أكثر علماء الغرب تشيعا بتعاليم محمد))[٧].

وقد دافع غوته عن الرسالة المحمدية السماوية أشد دفاع، وتحدثا بكل حماس عن النبي الكريم في جهاده من أجل نشر الدعوة الإسلامية في بداياتها، وما لقيه من معاناة وصعاب جمة، فهو يقول بأن العرب توحدوا في ديانة واحدة هي الإسلام بفضل القرآن الكريم الذي نزل على محمد صلى الله عليه وسلم دون غيره من العرب وهو يصف الفترة التي سبقت مجيء الإسلام بقوله:

لا نجد غضاضة في أن يسمى المسلم العصر السابق على محمد بعصر الجاهلية، وأن يؤمن إيمانا جازما أن النور والحكمة لم تبدأ إلا بالإسلام[٨].

لقد كان غوته من أبرز أعلام الأدب الغربي آنذاك، يقابله نابليون بونابرت كأعظم قائد للجيوش في تلك لفترة، وكان كلاهما معجبا بالآخر والاثنان يميلان أشد الميل للدين الإسلامي، فغوته معجبا أشد الإعجاب بما حققه نابليون من انتصارات عسكرية، وكان نابليون يبادله الإعجاب في شخصيته التي تتصف بالبساطة والاعتدال، وفي ذلك يقول (بول فاليرى) مقارنا إياه بنابليون: ((كان نابليون مثله يميل إلى الذين الإسلامي ويعجب ببساطته وبإنجازاته الحربية، فقطف ثماره الحلوة كلها وضع منها قانونه، قانون نابليون، كذلك غوته أنشأ أدبه وشعره خاصة على وشائج إسلامية))[٩].

ويعبر غوته عن إعجابه بالنبي محمد صلى الله عليه وسلم في أكثر من موضع، فهو يصفه في باب التعليقات ضمن ديوانه (الشرقي الغربي) بأنه الرجل العظيم الخارق للعادة وأنه نبي وليس شاعرا .

على أنه اعتقد خطأ بأن الرسول الكريم صلى الله عليه وسلم كان يكره الشعر حين قال ((ومحمد في كراهيته للشعر، يبدو لنا منطقيا تماما، لأنه يحرم كل نوع من الخرافة))[١٠].

ولا يخفى على أحد أن الرسول الكريم صلى الله عليه وسلم لم يكن يكره الشعر، بل كان يميز بين الكلام الإلهي الوارد في القرآن الكريم وقول الشعر الصادر عن ألسنة البشر، لأن أعداء الرسالة الإسلامية في بداياتها وصفوا الرسول الكريم زورا وبهتانا بأنه (شاعر)، وأن القرآن شعر مرسل، وقد رد القرآن الكريم على تلك الأقاويل بكل جلاء ووضوح في هذه الآية الكريمة (**وما علمناه الشعر وما ينبغي له إن هو إلا ذكر وقرآن مبين (٦٩)**) [١١].

وفي آية أخرى يتم التأكيد على ذلك بعد إظهار الفرق بين قول الشعر وبين كلام الله المنزل على النبي بواسطة الوحي حين تقول (**وما هو بقول شاعر قليلا ما تؤمنون (٤١)**) [١٢].

ويؤكد قولنا هذا إلقاء الشعر أمام مرأى ومسمع من النبي محمد صلى الله عليه وسلم دون أن ينهي عنه صراحة.

على أن غوته يؤمن إيمانا مطلقا بنبوة الرسول الكريم برغم ما قرأه من كلام مغرض لبعض الكتاب الغربيين الذين سبقوه أو عاصروه أمثال (توربان) في كتابه ((محمد مشرع العربية)).

لذا فإن غوته يقول في هذا الصدد: ((أن محمدا لم يرسل برسالة شاعر للتفنن في القول والتنويع في ضروب الكلام، وعرض الصورة المزوقة من الأخيلة والأوهام لاستحداث اللذة وإدخال الطرب، بل هو بنص القرآن بعيدا عن هذا الوصف))[١٣].

وهكذا نرى أن غوته الشاعر الحكيم قد تفهم وآمن بالإسلام ونبيه وكتابه من خلال ما جادت به أشعاره أو تعليقاته ضمن ديوانه الخالد (الشرقي الغربي) ودفاعه وحماسته للإسلام والنبي الكريم محمد صلى الله عليه وسلم لا يضاهيه فيها أحد من أدباء الغرب، وفي ذلك يقول د.داود سلوم في مقالة له بعنوان ((الأثر العربي والإسلامي في كتاب "الديوان الشرقي للمؤلف الغربي" للشاعر الألماني غوته)): "يندر أن نجد رجلا يتكلم بحماسة ومحبة عن محمد صلى الله عليه وسلم كما يتكلم غوته"[١٤] فهو يقول عنه في باب التعليقات ضمن (الديوان الشرقي الغربي): "إن مما يتفق مع غرضنا بأن نذكر هذا الرجل العظيم الخارق للعادة إنه نبي وليس شاعرا".

وفي أشعاره نرى بوضوح استلهامه للأحاديث النبوية، فهو يتحدث عن المرأة في قصيدة له بعنوان "حذار من النسوان" أنشئت قبل عام ١٨١٥ وردت في كتاب التفكير -القطعة١٤- ضمن ديوانه (الشرقي الغربي) يقول فيها :

حذار من النسوان في كل مدرج
براهن من ضلع، إلهي، أعوج،
ولم يستطع إبراءهن قويمة
فإن شئت أن تثن، تكسرن فجاة
وإن شئت أن تبقى، تلوين أكثر

أ آدم، حقا كان أمرك عسرا

حذار من النسوان في كل مطلع

فلا خير تجني أنت من كسر أضلع<sup>(١٥)</sup>.

في هذه القصيدة يبدو جليا تأثر غوته بالحديث النبوي الشريف: (**استوصوا بالنساء خيرا، فإنهن خلقن من ضلع أعوج، فإن ذهبت تقيمه كسرته، وأن تركته لم يزل أعوج**) .


وفي مشهد آخر، يصور غوته النبي محمد صلى الله عليه وسلم بأنه يؤبن الشهداء بعد موقعه بدر، وقد وقف تحت السماء الصافية المرصعة بالنجوم، وذلك في قصيدة له بعنوان (ناس ممتازون) ضمن كتاب الخلد في ديوانه (الشرقي الغربي) يقول:

لبيك الكفار موتاهم، فقد ماتوا إلى غير رجعة

أما أنتم معشر المؤمنين فلا تبكوا إخواننا

لأنهم صعدوا إلى أعلى عليين، جنات النعيم<sup>(١٦)</sup>

ثم يصفهم كيف دخلوا الجنة وكيف ينعمون فيها، كما وصفها القرآن الكريم في سورتي (الرحمن) و (الواقعة).


وفي ذات الديوان وضمن (كتاب الحزن) يصور غوته في (قصيدة له) النبي محمد صلى الله عليه وسلم وهو يخاطب الكفار من أعداء الإسلام، ومطلعها:

إذا اغتاظ أحد من أن الله

شاء أن يهب محمدا الأمن والسعادة

فليربط حبلا متينا بأقوى الأعمدة

في قاعة بيته

وليشنق نفسه به فهذا مفيد له:

إذ سيشعر حينذاك بأن غيظه سيذهب عنه[١٧].

ومن خلال أبيات القصيدة هذه، نجد أن غوته قد استسلهم فكرتها من الآية القرآنية التي تقول ﭽ **(من كان يظن أن لن ينصره الله في الدنيا والآخرة فليمدد بسبب إلى السماء ثم ليقطع فلينظر هل يذهبن كيده ما يغيظ (١٥))** [١٨].

وهو يخاطب في قصيدته أعداء النبي محمد صلى الله عليه وسلم ، بأن يسدي لهم نصيحة أن يموتوا شنقا بأيديهم ليطفئوا غيظهم وحقدهم تجاهه، وهو بذلك يبدو مؤيدا لما جاء به النبي محمد صلى الله عليه وسلم ، ومعارضا لما أظهره أعداؤه؛ أعداء الإسلام من حقد وضغينة، توارت أمام عظمة الرسالة الإسلامية التي يعبر غوته عن إعجابه الشديد بها ممجدا إياها، ومقدما لها الثناء والمديح لما قدمته للبشرية من خير ورفاه، ويذكر على وجه التحديد خاصيتها في توحيد الله سبحانه وتعالى التي انفردت بها عن بقية الأديان الأخرى، وبهذه الخاصية سادت الدنيا بأسرها آنذاك كما يقول غوته في قصيدة له يرجح فيها رأي الإسلام في مسألة صلب المسيح (عليه السلام) ذلك معارضته لقول أبناء دينه بأن المسيح ابن الله (حاشا لله أن يكون له ولد)، أو قول بعضهم بأنه إله، تلك الأقاويل التي نفاها الإسلام، كما ورد ذلك في القرآن الكريم، وتبدوا وآراء غوته واضحة في قصيدة بدأها في مارس ١٨١٥ وأتمها في حزيران ١٨١٥، يقول فيها مخاطبا حبيبته (مريانه)[*] قائلا:

ويسوع كان طاهر الشعور، وفي الهدوء

لم يفكر إلا في الله الواحد الأحد

فمن جعل منه إلها

فقد أساء إليه وخالف إرادته المقدسة

ولهذا ظهر الحق لمحمد

وبه نال الفلاح والنجاح

فبفكرة الله الواحد الأحد

ساد الدنيا بأسرها

وأنت تريدين أن تقدمي إلي على أنها له

هذه الصورة البائسة للمصلوب على الخشب (١٩).

وإلى هذا يشير د. عبد الرحمن بدوي قائلا :يبدو تأثر جيته بما جاء في سورة الإخلاص وبالتحديد في آياتها (قل هو الله أحد (١) الله الصمد (٢) لم يلد ولم يولد (٣) ولم يكن له كفوا أحد (٤) ) الإخلاص: ١-٤، كذلك ما جاء في سورة المائدة ( لقد كفر الذين قالوا إن الله هو المسيح ابن مريم) (٢٠).

وبذلك يبدو جليا أن غوته قد نبذ مبادئ دينه متأثرا بما جاء في القرآن الكريم، وقد قرأ القصيدة المذكورة آنفا على صديقه "بواسريه" في آب ١٨١٥م، قبل أن ينوي نشرها، فوجدها الأخير مرة قاسية، فنصحه بعدم نشرها في ديوانه لما فيها من مساس بالغ بشعور المسيحيين من أبناء دينه.

وقد نشرت بعد وفاته مع قصائد أخرى كثرة لم تنشر في حياته، أضيفت إلى الطبعات اللاحقة لـ(الديوان الشرقي الغربي) حيث وزعت بين كتب الديوان الإثني عشر .

ولم يقتصر إعجاب غوته وتأثره بشخصية الرسول الكريم محمد صلى الله عليه وسلم من خلال ما جادت به قريحته الشعرية فحسب، بل أنه قد شرع بكتابة مسرحية عن حياته وشخصيته، قسمها إلى عدة فصول، وقد وضع مشروعها عام ١٧٧٣ وهو في ريعان شبابه، وفي بواكير حياته الأدبية، إذ كان في الرابعة والعشرين من عمره، فكتب أجزاء من فصولها ولم يكملها، وقد نشرت مجلة (فكر وفن) المصرية في العدد الأول منها مقالة في ذلك بقلم الكاتب المصري الدكتور عبد الرحمن صدقي يقول فيها: ((ولم تزل فكرة هذه التمثيلية الشعرية عن محمد صلى الله عليه وسلم ماثلة في مخيلة غوته حتى وضع مشروعها))[٢١].

ويبدو أن (غوته) قد شرع بكتابة هذه المسرحية عن شخصية النبي محمد صلى الله عليه وسلم متأثرا بقراءته للقرآن الكريم في تلك الفترة من حياته، كذلك تأثره بصورة خاصة بالدراما التي كتبها (والف هامر) عن سيرة النبي الكريم، سائرا على منهجه، وهو الذي قال عنها: ((وعندما جاءتني هذه الفكرة كنت مستعدا لها))[٢٢] حيث سبق ذلك قراءة ودراسة مستفيضة وعناية كبيرة بحياة النبي الشرقي.
وكان غوته قد قرأ عن حياة النبي صلى الله عليه وسلم في العام الذي شرع فيه بكتابة تلك المسرحية، قرأ كتاب توريان "تاريخ حياة محمد، مشروع بلاد العرب" .

وعلى الرغم من أن هذا الكتاب غير موضوعي، فقد أوحي إليه بذلك الجزء الذي لم يكتمل من تلك المسرحية، والتي يتحدث د. ب. فايشر عن تلك المحاولة لتأليفها: "حاول غوته أن يؤلف تمثيلية عن محمد رسول الله العظيم في سنة ١٧٧٣، بعد دراسته للقرآن في مسرح مدينة فايمر (Wemar) حيث أظهر منها في هذه السنة الفصل الأول لمناجاة محمد، حين خلا بنفسه ليلا في بادية تحت سماء صافية النجوم، بلا شك، إنه أخذ آيات من القرآن من سورة الأنعام في دحر الشرك ﴿ٱ ٻ ٻ ٻ ٻ پ پ پ پ ڀ﴾ الأنعام: ٧٤ إلى آخر الآية، وترجمها إلى الألمانية، ثم يختم الشاعر مناجاة النبي بقوله "فارتق، أيها القلب العامر بالحب نحو الخالق، إنك وحدك مولاي يا رب، إنك الحب المحيط بكل شيء، خالق الشمس والقمر والكواكب، خالق السماء والأرض، وخالق النفس". وبعد هذه المناجاة، يدير شاعرنا حوارا بين محمد ومرضعته حليمة، وعندنا حتى الآن مقتطفات قليلة من هذه التمثيلية، لأن الشاعر لم يتم هذه الدراما، ربما لأنه فقد الاهتمام بالمسرح بصفة عامة، أو لأنه قد رأى أن ليس من الممكن تصوير شخصية رسول الله كشخصية مسرحية تمثيلية"[٢٣].

إن محاولة غوته هذه لتأليف مسرحية من عدة فصول عن حياة وشخصية النبي محمد صلى الله عليه وسلم ، وبهذه الروحية المتفهمة والعقل المستنير وهو لم يزل في ريعان شبابه وبداياته الأدبية الأولى، لهو خير دليل على الإلهام الذي تملكه ذلك الأديب الغربي من حب ومودة للإسلام ونبيه المرسل محمدصلى الله عليه وسلم .

وقد بقي من تلك المسرحية بعد ذلك، حينما توقف عن إكمال مشروعه في كتابتها نظم غنائية شعرية، يقول عبد الرحمن صدقي في كتابه "الشرق والإسلام في أدب غوته": وقد ورد في مذكرات غوته التي أسماها "شعر وحقيقة" ما يفيد أنه نظم أشعارا غنائية عديدة مكانها من التمثيلية، ولكن ما بقي منها بين أيدينا نشيد واحد كان قد نشره الشاعر في التقويم الشعري الصادر في جوتنجن (Gotting) عام ١٧٧٣ وهذا النشيد على صورة مقتطفات يتناوب إنشادها "علي" القائد الشجاع الأمين وزوجته "فاطمة" بنت الرسول، تحية للنبي وهو تصوير رائع لهذه القوة التي فجرها الله على يد رسوله خاتم المرسلين، ووصف شعري لفيض الإسلام، وسرعة ذيوعه حتى انتظم النجاد والوهاد، وبلغ إلى المحيط الأعظم، وهذا مقطع من تلك المحاورة الشعرية:

- علي: انظروا إلى السيل العارم القوي، وقد انحدر من الجبل الشامخ العلي أبلج متألقا كأنه الكوكب الدري.

- فاطمة: لقد أرضعته من وراء السحاب ملائكة الخير في مهده بين الصخور والأدغال (إلى آخر المحاورة).


ولعل هذا الحوار الشعري في تحية النبي كان مقصودا به أن يكون ختام المسرحية، أو (مشهدا) قبيل ختامها. بيد أن الشاعر حين ضم إلى مجموعة أشعاره التي نشرها عام ١٧٨٩ هذه القصيدة، أدرجها على غير نسق الحوار الذي كانت عليه، فجاءت في المجموعة مرسلة من غير تقطيع، وجعل عنوانها "النشيد المحمدي"[٢٤].

يتبين مما تقدم أن شاعر الألمان الكبير غوته قد تأثر كثيرا بشخصية النبي محمد صلى الله عليه وسلم ، وكان يراه مثلا أعلى له في حياته، وما تضمنته قصائده في الديوان الشرقي الغربي واضحة في ذلك، فهو يعبر من خلالها عن إعجابه الكبير بتلك الشخصية العظيمة وتأثره الكبير بحسن خلقه وأمانته وصدقه وغيرها من الصفات الحميدة التي أسبغها الله سبحانه وتعالى على شخصية رسوله العظيم، ويؤمن غوته إيمانا مطلقا بنبوة محمد صلى الله عليه وسلم وفي ذلك يقول (بينوشييه): ((وغوته يعترف بأنه لم ينكر على النبي صدق نبوته في يوم من الأيام))[٢٥].

المبحث الثاني

أثر القرآن الكريم في أدب غوته

سبقت الإشارة إلى أن غوته كان قد قرأ القرآن الكريم في بدايات حياته خلال ترجمات عديدة لمعانيه أولها الترجمة الألمانية لميجرلين عام ١٧٧٢م، وترجمة ماراتشي باللغة اللاتينية، ثم قرأه بعد ذلك بلغته العربية (في بعض منه) مستعينا بالمعجم .

وقد أبدى غوته إعجابه الشديد بالقرآن الكريم طوال حياته، وعلى وجه التحديد في العقدين الأخيرين منها، إذ اتجه اتجاها واضحا نحوه، يقول في ذلك الكاتب عبد الرحمن صدقي: وقد ظل غوته طويلا يمعن في دراسة القرآن إمعان الباحثين، وهو يقول: إن القارئ الأجنبي قد يمله لأول قراءته، ولكنه يعود فينجذب إليه، وفي النهاية يروعه ويلزمه الإكبار والتعظيم[٢٦].

وقد خلد غوته إعجابه بالقرآن الكريم في تناوله لمفاهيم وتأثره به في روحه وعباراته من خلال شعره ونثره، الذي تضمنته حنايا (الديوان الشرقي الغربي) الذي بدأ كتابته عام ١٨١٤م وانتهى منه عام ١٨١٨م. وقد ترجمه إلى العربية الدكتور عبد الرحمن بدوي، وسماه (الديوان الشرقي الغربي).

وما تضمنه هذا الديوان يظهر بوضوح تام غوته بمفاهيم القرآن الكريم ومقاصده فهو يستقي من معانيه وقيمه في قصائده الشعرية، بل حتى يعمد إلى التضمين الصريح لمعاني آيات منه في شعره، ومن ذلك قوله في قطعة شعرية عنوانها (التشبيه):

لم لا أصطنع من التشابيه ما أشاء، و اللـه لا يستحي أن يضرب مثلا للحياة بعوضة[٢٧].

وهو في هذا مضمن للآية الكريمة ( إن اللـه لا يستحيي أن يضرب مثلا ما بعوضة فما فوقها) [٢٨]

وفي هذا يقول الدكتور ب. فايشر في محاضرته المذكورة آنفا:

فقد كان شعره الذي ألفه أخيرا، متأثرا كثيرا بالقرآن في روحه وأفكاره وعبارته، حتى إن القارئ يلاحظ أن أكثر من آية انتشرت في شعره في ديوانه الشرقي الغربي[٢٩].

ويؤكد غوته إيمانه بالكتاب السماوي المنزل على نبي الإسلام محمد صلى الله عليه وسلم حين يقول في باب التعليقات ضمن ديوانه: فالكتاب المنزل على محمد إنما بعث به إلى الناس ليقتضيهم الخبوت والإيمان، لا لمجرد المتعة والاستحسان .

وعندما يتحدث عن روعة أسلوب القرآن وفخامته ومدى تأثيره في سامعيه وقارئيه يذكر ذلك بقوله : إنه يطابق مضمونه وغايته، فهو صارم، رفيع، مهيب، جليل في مواضعه، تتلاحق إيقاعاته، وما لأحد أن يدهش للأثر العظيم الذي يحدثه هذا الكتاب[٣٠].

ويضيف الأديب الألماني غوته رأيا يترجم فيه مشاعره وأراءه تجاه هذا الكتاب، يقول: إن هذا الكتاب سيظل عظيما التأثير إلى الأبد، لأنه عملي إلى أقصى حد[٣١].

وغوته يشاطر المسلمين اعتقادهم القاطع بأن القرآن الكريم كتاب سماوي أنزله الله سبحانه وتعالى على محمد صلى الله عليه وسلم ، وذلك عندما يوازن بينه وبين الأناجيل فيقول: إن الأناجيل أعمال جمعها بشر مختلفون، وهي لهذا مختلفة في صيغها التي بين أيدينا، أما القرآن فهو كلام الله المنزل على النبي حمله إليه جبريل، وهو لهذا لا يحتمل الشك أو الاضطراب، إن كلام الله ليبلغ في القرآن غاية الروعة والجلال[٣٢].

ومن الجدير بالذكر أن اعتقاد غوته بالإسلام وكتابه ورسوله الكريم محمد صلى الله عليه وسلم لم يظهر في أشعاره فحسب، بل تجاوزها إلى ما جاء في تعليقاته على الديوان

الشرقي الغربي، إذ يعود مرة أخرى ليصف الإيجاز البلاغي للقرآن الكريم ويعبر عن ذلك في جملة مقتضبة قصيرة قائلا: وكل مضمون القرآن ابتغاء التعبير عن الكثير بكلمات قليلة، موجود في بداية السورة الثانية)[٣٣] مشيرا بذلك إلى مطلع سورة البقرة، وهو قوله تعالى (ذلك الكتاب لا ريب فيه هدى للمتقين (٢)) إلى قوله (ختم الله على قلوبهم وعلى سمعهم وعلى أبصارهم غشاوة ولهم عذاب عظيم (٧)) [٣٤].

لذا نجد أن غوته، قد استلهم من القرآن الكريم كثيرا من الدروس والعبر والقصص، وقد ضمنها أشعارها في (الديوان الشرقي الغربي)، على الرغم من ورود شيء منها في كتب سماوية أخرى من بينها كتب المسيحية التي يدين بها هذا الشاعر، ونجد تلك الإيحاءات قد تضمنتها قصائده الشعرية في كتب (المغني) و(الحكم) و(الساقي)، في ديوانه المذكور آنفا إلى هذا يشير الدكتور عبد الرحمن بدوي إذ يقول: ميز جيته ديوانه بطابع إسلامي، وحتى القصص التي وجدت أصولها في المسرحية ووردت في القرآن، لم يشأ جيته أن يأخذها من مصادرها الأصلية بل أخذها من القرآن، كما فعل في قصة أهل الكهف[٣٥].

وقد وردت هذه القصيدة بعنوان (أهل الكهف) في كتاب الخلد للشاعر ضمن (الديوان الشرقي الغربي)، استوحاها من سورة الكهف المذكورة في القرآن الكريم، وهذه طائفة من أبيات تلك القصيدة:

ستة من المقربين في القصر
يهربون من غضب الإمبراطور

الذي يريد أن يعبده الناس كإله

*****

والكلب الصغير، مستندا إلى قدميه

الأماميتين وقد شفيتا

*****

والملك الذي يرعاهم

يقول في تقريره أمام عرش الله

لقد قلبتهم ذات اليمين وذات الشمال

حتى لا تضار أعضاؤهم الرقيقة<sup>(٣٦)</sup>.

*****

ويبدو واضحا استلهام غوته فكرة تلك القصيدة من سورة الكهف في آياتها من (٩-٢٥)، لدى الرجوع

إليها والتأمل في قصتها .

وفي قصيدته (هجرة) التي وردت في كتاب (المغني) ضمن (الديوان الشرقي الغربي)، نجد اعتقاد

غوته المطلق بالإسلام وما جاء به من تعاليم عن الحياة الدنيا ووصف للآخرة الوارد في كتاب الله القرآن

الكريم، أشد وضوحا، حيث يقول فيها:

المسلم الحق يتحدث عن الفردوس

كما لو كان نفسه هناك

ويؤمن بالقرآن وما يعد به

وعلى هذا الأساس تقوم العقيدة الطاهرة<sup>(٣٧)</sup>.

وفي قصيدة أخرى له، بعنوان (السماح بالدخول) يذكر غوته الفردوس والجواري التي تقف على بابها، متخيلا محاورة شعرية بينه وبين إحداهن، قائلا فيها :

أنا اليوم حارسة

أمام باب الفردوس

ولست أدري جيدا ماذا أفعل

فأنت تبدو لي مريبا

هلى أنت حقا شبيه

بالمسلمين الصادقين؟

هل جهادك وفضائلك

هي التي بعثت بك إلى الجنة؟

إذا كنت واحدا من هؤلاء الأبطال

فأين جراحك

التي تنبئ عن أفعال مجيدة؟

وحينئذ أسمح لك بالدخول[٣٨]

كذلك يذكر في قصيدة أخرى مناسبة الإسراء والمعراج ويستذكر فيها مسرى الرسول الكريم صلى الله عليه وسلم على فرسه (البراق) ثم يتكلم عن النساء المسلمات الصالحات اللواتي تبوءان أماكن في الجنة في قصيدة له كتاب الخلد فيذكر بعضهن قائلا :

وزوجة محمد التي هيأت له

النجاح والمجد

*****

ثم تأتي فاطمة المحبوبة

الابنة، والزوجة التي لا عيب فيه (أي زوجة علي)

ذات الروح الملائكية الطاهرة[٣٩].

وفي كتاب (الأمثال) يذكر في قصيدة له ما ورد في القرآن الكريم، كما يعتقد بذلك المسلمون من أن الإنجيل قد نزل على المسيح عيسى بن مريم (عليه السلام)، وعلى العكس مما يعتقد أبناء دينه من أنه وجد مكتوبا على يد الحواريين فيقول فيها :

لما نزل عيسى من السماء

أتى معه بالكتاب المقدس، الإنجيل

وقرأه على حواريه ليل نهار

وفعلت الكلمة الإلهية، فعلت ونفذت

ثم صعد إلى السماء وحمل معه الكتاب[٤٠]

ويستلهم غوته في قصيدة له ضمن كتاب (المغني) عنوانها (الخاطر الحر)، ما ورد في الآية (٩٧) من سورة الأنعام التي تقول **(وهو الذي جعل لكم النجوم لتهتدوا بها في ظلمات البر والبحر قد فصلنا الآيات لقوم يعلمون (٩٧))**

إذا يقول في قصيدته

لقد خلق الرب لكم الكواكب في الأفلاك

كهاد سواء السبيل في الأرض وفوق الماء

ولكي تتحلوا بما لها من فتنة وبهاء

مشرعين العيون دائما إلى أعلى السماء[٤١]

ويذكر في قصيدة (طلاسم) ضمن كتاب المغني :

لله المشرق،

ولله المغرب،

والشمال والجنوب،

يستظلان بالسلام بين يديه[٤٣]

وقد استوحى فكرة هذه الأبيات من الآية القرآنية (١١٥) من سورة البقرة ( ولله المشرق والمغرب فأينما تولوا فثم وجه الله إن الله واسع عليم (١١٥))

ويؤكد غوته إيمانه بالقرآن الكريم، لا فرق بينه وبين أي مسلم يعتقد به ويعده كتابا إلهيا سماويا بل يصفه بكتاب الكتب حين يقول في ديوانه ضمن كتاب الساقي هذه الأبيات:

هل القرآن قديم؟

هذا أمر لا أسأل عنه

هل القرآن مخلوق؟

لست أدري

أما أنه كتاب الكتب

فهذا ما أؤمن به، كما هو فرض على كل مسلم

إن الخمر قديم منذ الأزل، فهذا مالا شك فيه

أو أنه خلق قبل الملائكة، ربما هذا أيضا ليس حديث خرافة، فالشارب مهما يكن، فإنه ينظر إلى اللـه في وجهه بجسارة"(٤٣).

فيما نجد أن المقطع الأخير مـن هـذه القصيدة التـي ترجمهـا الـدكتور بـدوي في (الـديوان الشرقي للمؤلف الغربي) وردت فيها كلمة (بجسارة) التي اعترض عليه الدكتور ب. فايشر في محاضرته آنفة الـذكر، حيث انتقد الدكتور بدوي على ترجمتها بهذا المعنى حين قال: لقد أخطأ الأستاذ بدوي، حينما تـرجم هـذا النص من الألمانية إلى العربية، فقال: ينظر إلى اللـه في وجهه بجسارة بدلا من (طراوة) وهذا لعدم تفهمه النص الألماني، لأن غوته استعمل الخمر هنا كرمز، مثل الصوفيين، رمز للحكمة اللدنية والإلهية، فإذا قرأنا القصيدة مرة أخرى، نجد أن مقصود الشاعر مـن هـذا القول وهـو مـا معناه: أنا لا أريد أن أدخل في مناقشات الفقهاء، القرآن مخلوق أو غير مخلوق وما يقع من مناقشات الفقهاء، فخير لنا أن نـؤمن بـأن الحكمة اللدنية الموجودة في القرآن، كانت عند اللـه من قبل، وإذا شرب أحد من هذه الحكمة الموجودة في القرآن وقبل الأديان، فهو في علاقة مباشرة مع اللـه، هذا ما أراد الشاعر أن يقوله، والحكمة الإلهيـة ولا شك قبل الملائكة وقبل خلق الملائكة، ومن هنا يتضح قوله والشارب مهما يكن، ينظـر إلى اللـه في وجهه بطراوة"(٤٤).

ومن خلال أبيات هذه القصيدة يتبادر إلى ذهن قارئها للوهلة أن كاتبها مسلم لا محالـة مـن خـلال تصريحه ضمن أبياتها بإيمانه بهذه الكتاب الذي يتحدث عنه

(القرآن الكريم)، وبأن إيمانه هذا فرض عليه كما فرض عليه كما هو على سائر المسلمين.

ويجهر غوته بالقول أنه يعد نفسه مسلما ما دام الإسلام معناه التسليم لله فيقول:

إذا كان الإسلام معناه التسليم لله

فعلى الإسلام نحيا ونموت جميعا[٤٥]

وقد بقي غوته يكن الإعجاب والاحترام الكبيرين للإسلام والقرآن الكريم إلى أواخر حياته، ونجد شاهدا على ذلك ما ذكره عبد الرحمن صدقي من أن الجنود الألمان الذين اشتركوا إلى جانب نابليون في حربه الإسبانية حين عادوا إلى موطنهم بعد نكبته في روسيا وانقلاب حليفته بروسيا عليه، كانت فرقة ويمار تحمل في عودتها من إسبانيا صفحة من مصحف مخطوط عليها السورة الأخيرة من القرآن، فعكف غوته على هذه الصفحة يحاكي حروفها، وكأنها تحمل إليه وهو ينسخها عبر الشرق، ولم يقر له قرار حتى حصل في ٢٢ أكتوبر ١٨١٣ من المستشرق (أشتاد) (Eichtadt) على ترجمتها بالألمانية[٤٦].

وهذه الحادثة أعقبتها أخرى مماثلة لها، ففي يناير من عام ١٨١٤ مر بمدينة فيمار -التي كان غوته يعمل فيها مستشارا أعلى لدوقها- مجموعة من الجنود البشكير، وهم مسلمون من روسيا، وقد أقاموا صلاة حضرها غوته في إحدى قاعات المدرسة البروتستانتية للمدينة، وقد أثرت في نفسه أشد التأثير وهو يستمع إليهم مرتلين القرآن الكريم فتشده إليه قوة خفيه وإن لم يفقه معانيه وعباراته.

مما تقدم نرى أن هذا الأديب الألماني الذي يعد من قمم الأدب العالمي قد ترفع عن التعصب والعنصرية، وسما بنفسه نحو العلا حين اتجه لدراسة وتفهم الدين الإسلامي، ومن ثم الإطراء والثناء على مبادئه ومفاهيمه السامية من خلال كتاباته وأشعاره بكل صراحة وجرأة، وقد عبر عن رأيه هذا في قصيدة له (ضمن الديوان الشرقي الغربي) قائلا:

من الجنون أن يفرض أي إنسان في كل حالة رأيه ويمجده

فإذا كان الإسلام معناه: التسليم لله فعلى الإسلام نعيش ونموت جميعا[٤٧].

**هوامش الفصل الرابع**

١- جيته، الديوان الشرقي للمؤلف الغربي (سلسلة الروائع المائة)، ترجمة عبد الرحمن بدوي، مكتبة النهضة المصرية، القاهرة، ١٩٤٤، ص ٤٥.

٢- د. مصطفى ماهر، غوته الإنسان في: غوته العبقرية العالمية، دار الجديد، بيروت ١٩٩٩، ص ٢٦.

٣- ب. فايشر - المصدر السابق، ص٦٧.

٤- هانز روبرت رويمر، ألمانيا والعالم العربي، ترجمة د. مصطفى ماهر، بيروت، ١٩٧٤، ص ٢١٦.

٥- الدكتور محمد غنيمي هلال، دور الأدب المقارن في توجيه دراسات الأدب العربي المعاصر القاهرة، ١٩٥٦، ص ٢٢.

٦- صحيفة الحياة، لندن، ١٣/١/١٩٩٩.

٧- هانز روبرت رويمر، المصدر السابق، ص ٢١٧.

٨- جيتيه الديوان الشرقي الغربي- المصدر السابق، ص ٣٩٣.

٩- هانز روبرت رومير، مصدر سابق، ص ٢١٨.

١٠- جيته، الديوان الشرقي الغربي، المصدر السابق، ص ٣٩٤.

١١- سورة يس، الآية (٦٩)

١٢- سورة الحاقة، الآية (٤٠)

١٣- عبد الرحمن صدقي، الشرق والإسلام في أدب غوته، القاهرة، ١٩٦٧، ص٢٨.

١٤- الدكتور داود سلوم، دراسات في الأدب المقارن التطبيقي، ص ١١٤.

١٥- جيته الديوان الشرقي للمؤلف الغربي، مصدر سابق، ص ١٥٠.

١٦- المصدر نفسه، ص ٣٧.

١٧- المصدر نفسه، ص ١٧٩.

١٨- سورة الحج، الآية (١٥)

*- مريانه (Marianne Jung) التقى بها غوته في عام ١٨١٤ وقد أحبها، وتغزل بها في أشعاره حيث أفراد لها كتاب أسماه "زليجا" في منتصف ديوان الشرقي - الغربي وهو الاسم الذي كان يطلقه عليها.

١٩- الديوان الشرقي للمؤلف الغربي، المصدر السابق، ص ٣٤٩.

٢٠- سورة المائدة، الآية (٧٢)

٢١- مجلة فكر وفن (غوته والإسلام بقلم عبد الرحمن صدقي) هامبورغ، ألمانيا، ١٩٦٣، ص ٧٥.

٢٢- هانز روبرت رويمر، المصدر السابق، ص ٢٢٥

٢٣- ب. فايشر - المصدر السابق، ص ٥٧٥.

٢٤- عبد الرحمن صدقي، المصدر السابق، ص ٧٠.

٢٥- هانز روبرت رويمر، المصدر السابق، ص ٢٢٤

٢٦- عبد الرحمن صدقي، المصدر السابق، ص ٢٧.

٢٧- جيته، الديوان الشرقي للمؤلف الغربي، المصدر السابق، ص ٣٤٦.

٢٨- سورة البقرة، الآية (٢٦)

٢٩- ب. فايشر، المصدر السابق، ص ٧٠.

٣٠- هانز روبرت رويمر، مصدر سابق، ص ٢٣٥.

٣١- المصدر السابق، ص ٢٣٢.

٣٢- المصدر السابق، ص ٢٣٦.

٣٣- جيته، الديوان الشرقي للمؤلف الغربي، المصدر السابق، ص ٣٩٢.

٣٤- سورة البقرة، الآيات من (١-٧)

٣٥- جيته، الديوان الشرقي للمؤلف الغربي، المصدر السابق، ص ٣٦-٣٧.

٣٦- المصدر نفسه، ص ٣٣٥.

٣٧- المصدر نفسه، ص٣٥٦.

٣٨- المصدر نفسه، ص ٣١٥.

٣٩- المصدر نفسه، ص ٣١١.

٤٠- المصدر نفسه، ص ٢٩٦.

٤١- المصدر نفسه، ص٦٤.

٤٢- المصدر نفسه، ص ٦٥.

٤٣- المصدر نفسه، ص٢٩٦.

٤٤- ب. فايشر، المصدر السابق، ص ٧١-٧٢.

٤٥- جيته، الديوان الشرقي للمؤلف الغربي، المصدر السابق، ص٣٧.

٤٦- عبد الرحمن صدقي، المصدر السابق، ص ٤٨.

٤٧- ب. فايشر، المصدر السابق، ص ٧٢.

**الخاتمة**

من عجيب الصدف أن الشاعر قبل وفاته بعام وبالتحديد في يوم عيد ميلاده الثاني والثمانين المصادف للسادس والعشرين من آب/أغسطس عام ١٨٣١ خرج في زيارة لغاية عالية جبيبة عليه، وهي غاية (الميناو) على ربوة بالقرب من مدينة (ويمر) واصطحب معه حفيده.

وكان في أعلى ذروة لمرتفعات الغابة كوخ صغير من الخشب، فأخذ الشاعر بيد الحفيدين ليطلعهما على أبيات سطرها على خشب الحائط بالقلم الرصاص منذ إحدى وخمسين سنة، فما أن وقع نظره على أثر الأبيات الذي لم يزل باقيا حتى راح يقرأها عليهما، ولكنه ما كاد يبلغ البيت الأخير حتى اغرورقت عيناه بالدموع وجعل يردده مرة بعد أخرى وقد تخافت صوته، وهذه الأبيات تعد في لغتها الألمانية أبدع ما نظمه الشاعر ألماني، وقد لحنها أحد؟أعلام الموسيقى بخاصة الأغاني وهو (فرانز شوبير) ( FRANZ SCHUBERT) وهذه هي المقطوعة:

هذي أعلى الروابي ... سادت عليها السكينة

والروح لا حس فيه ... والريح تثني غصونه

والطير بعد اصطحاب ... من الغاب وكف لحونه

يا نفس أنت وشيكا ... بمثل ذاك رهينة

ولم تمض على هذه الوقفة المؤثرة أشهر معدودات حتى اشتملت السكينة على النفس الرهينة.

توفي غوته في اليوم الثاني والعشرين من مارس عام ١٨٣٢، وكانت منيته في مثل ساعة ولادته، في منتصف اليوم ورائعة النهار، تاركا وراءه مؤلفات هامة في الشعر والأدب والفلسفة، لم تزل الإنسانية جمعاء تقطف من ثمارها البهية، ولعل من أهمها لدى أبناء الشرق، نتاجاته الشعرية والأدبية في عشق الشرق تاريخا وأدبا في شتى ألوانه وعلى اختلاف أوطانه.

وقد بدت للقارئ الكريم في فصول كتابنا هذا، التأثيرات الاستشراقية على أدب شاعر الألمان الكبير غوته واضحة جلية، رفدته بكل ما يملك الشرق آنذاك من حياة بسيطة وديعة، وكنوز جمة في الأدب والشعر والرواية التي يفيض بها الشرق من أدناه إلى أقصاه، ولدت لدى الشاعر حسا مرهفا ولمسات سحرية جسد في قصائده و أشعاره، لا سيما في (ديوانه الشرقي الغربي).

وصدق القول في تقييم المنصفين الشاعر الكبير غوته، كما سبق ذكره، حين عدوه من قمم الأدب العالمي بقولهم: ((إذا كان دانتي الإيطالي نابغة العصور الوسطى وشكسبير الإنجليزي عبقري النهضة، فإن غوته الألماني التقى فيه الغرب والشرق وهو الحكيم والشاعر))، في حين وصفته مجلة (ألمانيا) الصادرة في فرانكفورت قولها: ((يصنف غوته بالنسبة للتأريخ الأوروبي والألماني كشخصية مكتملة وبالأحرى هو الشخصية الأخيرة من نوعها هذا، فهو المؤلف الوحيد الذي أورث للأجيال إنجازات عظيمة لا تقارن في كل فروع الأدب من ملاحم، ونثر، وشعر، وهو ككاتب أصلي يعتبر موسوعة للوجود الإنساني)).

وقد احتفلت مدينة (فايمار) التي اعتبرت العاصمة الثقافية لأوروبا لعام ١٩٩٩، في آب من ذلك العام بذكرى مرور ٢٥٠ عاما على ميلاده وهي المدينة التي عاش فيها الشاعر ستون عاما.

نأمل فيما قدمنا من عرض لتأثر غوته بالآداب الشرقية، لا سيما العربية منها، تحت تأثير الاستشراق والترجمة في بلده آنذاك، أن نكون قد سلطنا الضوء على جانب مهم من حياة أديب وكاتب وشاعر يعد من عباقرة الغرب، الذي تأثر أشد التأثير بأدب الشرق وطبيعته.

## المصادر والمراجع:


**أولا العربية والمترجمة :**

(أ) كتـــب :

- بورنر، بيتر، غوته، ترجمة :د.أسعد رزوق، بيروت، ١٩٧٥.
- جيته، آلام فرتر، ترجمة: أحمد حسن الزيات، (دار القلم، بيروت، ١٩٨٠).
- جيتيه الديوان الشرقي الغربي، ترجمة عبد الرحمن بدوي، ط١، بيروت، ١٩٨٥ .
- جيته الديوان الشرقي للمؤلف الغربي، الروائع المائة، (مكتبة النهضة المصرية :القاهرة، ١٩٤٤).
- رويمر، هانز روبرت، ألمانيا والعالم العربي، ترجمة: د. مصطفى ماهر، بيروت، ١٩٧٤.
- سعيد، إدوارد، الاستشراق، المعرفة، السلطة الإنشاء، ترجمة: كمال أبو ديب، بيروت، ١١٩٨١.
- سلوم، داود، الأدب العربي في تراث العالم، بغداد، ١٩٨٧ .
- سلوم، داود، دراسات في الأدب المقارن التطبيقي، بغداد، ١٩٨٤.
- صدقي، عبد الرحمن، الشرق والإسلام في أدب غوته، القاهرة، ١٩٦٧.
- الطاهر، علي جواد، الخلاصة في مذاهب الأدب الغربي، بغداد، ١٩٨٣.
- فيشر، د. ب، الشرق في مرآة الغرب، دار سرس، تونس، ١٩٨٣.
- عز الدين، يوسف، أثر الأدب العربي في حنايا الأدب الغربي، دار الصافي، الرياض، ١٩٩٠.

- ناجي، عبد الجبار، تطور الاستشراق في دراسة التراث العربي، بغداد، ١٩٨١ .

- ندا، طه، الأدب المقارن، بيروت، ١٩٧٥ .

- هلال، محمد غنيمي، دور الأدب المقارن في توجيه دراسات الأدب العربي المعاصر، القاهرة، ١٩٥٦ .

- هلال، محمد غنيمي، الرومانتيكية، ط ١، بيروت، ١٩٨١.

- هيلد غادر، شتايرسبرغ وآخرون، غوته، العبقرية العالمية، دار الجديد، بيروت، ١٩٩٩ .

**(ب) الدوريات :**

- الألوسي، عادل، "الاستشراق والعالم الغربي"، مجلة شؤون عربية، العدد (١٦٠)، القاهرة، حزيران، ٢٠٠١.

- اصطيف، عبد النبي، "الاستشراق الأمريكي من النهضة إلى السقوط"، عولمة دراسات المنطقة، مجلة المستقبل العربي، السنة (٢١)، العدد (٢٣٣)، بيروت، تموز/يوليو ١٩٩٨ .

- حميش، بنسالم، "الاستشراق الفرنسي في ركب العلوم الإنسانية"، مجلة المستقبل العربي، السنة (١٥)، العدد (١٦٢)، بيروت، آب/أغسطس ١٩٩٢.

- فرح، سهيل، الاستشراق الروسي، نشأته ومراحله التاريخية، مجلة الفكر العربي، السنة(٥)، العدد (٣١)، بيروت آذار/مارس ١٩٨٣.

- صحيفة الحياة (اللندنية).

- مجلة فكر وفن، هامبورغ، ألمانيا، ١٩٦٣.

- الملا جاسم، ناصر عبد الرزاق، "سيرة صلاح الدين الأيوبي للقاضي ابن شداد في الدراسات الاستشراقية الناطقة بالإنجليزية"، مجلة البحرين الثقافية السنة، العدد ١١٨، ١٩٩٨.
- الواسطي، سلمان داود، "كتاب إدوارد سعيد الجديد، الثقافة والاستعمار"، مجلة عالم الكتب والمكتبات، العدد (١)، عمان، شتاء، ١٩٩٤.

**(ج) الرسائل الجامعية :**

- ملا جاسم، ناصر عبد الرزاق، صلاح الدين الأيوبي في الاستشراق الإنجليزي والأمريكي، رسالة ماجستير (غير منشورة)، كلية الآداب، جامعة الموصل، ١٩٩٢.

**(د) موسوعات. :**

- موسوعة المصطلح النقدي، ترجمة د. عبد الواحد لؤلؤة، ط٢، بغداد ١٩٨٢.

**ثانيا : الأجنبية :**

**(دوريــات )**

- Dutschland Magazine, Ftancfurt, No.3 1999.

## المؤلف في سطور

الدكتور وليد كاصد الزيدي

من مواليد بغداد ١٩٥٩

- أكمل دراسته الأولية في مدراس بغداد والموصل والرياض والقاهرة
والجامعية في الموصل وبغداد

- حصل على درجة الماجستير في الدراسات السياسية والدولية من الجامعة المستنصرية

- وعلى درجة الدكتوراه في فلسفة التاريخ السياسي من جامعة بغداد

- له (٥) كتب مؤلفة و (١) مترجم عن الفرنسية، منها:

- الفرانكوفونية في المنطقة العربية، الواقع والآفاق المستقبلية. مركز الامارات للدراسـات الاسـتراتيجية - ابو ظبـي - الامارات العربية المتحدة.

- بغداد في مذكرات الرحالة الفرنسيين بين القرنين ١٧-٢٠ عمان الأردن، ( مترجم ).

- أكثر من (٢٠) بحثا (مؤلفا ومترجما ) منشورا في مجلات أكاديمية داخل العراق وخارجه.

T0147821

Printed in the United States
By Bookmasters